KB091145

아동미술지도를 위한

# 아동색채심리의
# 이해와 실제

| 박현희 지음 |

# 【감수】

- **박현숙** (경인여자대학교 아동보육과 교수)
- **이현수** (유원대학교 중등특수교육과 교수)
- **정황래** (목원대학교 미술대학 미술학부 한국화전공 교수)
- **조영숙** (신한대학교 유아교육과 교수)

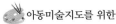
아동미술지도를 위한

# 아동색채심리의
# 이해와 실제

2017. 7. 24. 1판 1쇄 인쇄
2017. 8. 1. 1판 1쇄 발행

지은이 | 박현희
펴낸이 | 이종춘
펴낸곳 | BM 주식회사 성안당
주소 | 04032 서울시 마포구 양화로 127 첨단빌딩 5층(출판기획 R&D 센터)
10881 경기도 파주시 문발로 112 출판문화정보산업단지(제작 및 물류)
전화 | 02) 3142-0036
031) 950-6300
팩스 | 031) 955-0510
등록 | 1973. 2. 1. 제406-2005-000046호
출판사 홈페이지 | www.cyber.co.kr
ISBN | 978-89-315-7977-2 (03180)
정가 | 25,000원

**이 책을 만든 사람들**
기획 | 최옥현
진행 | 최창동
전산편집 | 인투
표지 디자인 | 박현정
홍보 | 박연주
국제부 | 이선민, 조혜란, 김해영, 고운채, 김필호
마케팅 | 구본철, 차정욱, 나진호, 이동후, 강호묵
제작 | 김유석

www.cyber.co.kr ★★★
성안당 Web 사이트

■ **도서 A/S 안내**

본 교재는 아동미술지도사 및 아동미술에 관심이 있는 기초자들을 위한 지침서의 역할이 되기 위함을 목적으로 한다. 또한 색채심리의 기초를 다지고, 이를 아동교육에 적용하기 위한 색채전문가들에게도 유용하게 쓰이고자 하였다.

아동미술이라는 용어는 1887년, 이탈리아의 리치(Corrado Ricci)가 『L'Arte dei Bambini(아동의 미술)』라는 책을 저술하며 처음 사용하였다. 이러한 어원이 내재된 아동미술을 교육함에 있어 색채란 아동의 욕구와 본능을 유익하게 충족시킬 수 있고, 궁극적으로는 창조적 사고력 향상에 도움을 주기 위한 필수불가결의 요소이다.

미술 표현뿐만 아니라 작품 이해에 있어 아동미술발달 특성에 대한 이해는 교사들의 교수−학습 운영뿐만 아니라 아동의 성장을 예측하고 평가할 수 있는 이점을 제공한다. 아동미술은 자신의 감정과 본능에 의해 주어진 환경 또는 학습경험을 통해 자연스럽게 표현되는 특성이 있다.

필자는 수년간에 걸친 아동미술의 현장 경험과 아동창의프로그램 개발 및 전시기획 실무경험을 기반으로 하면서 조형예술학, 색채학, 아동학 분야의 끊임없는 연구를 진행하고 있다. 『아동색채심리의 이해와 실제』는 순수미술전공자 및 아동보육, 유아교육 전공자뿐만 아니라, 아동색채심리에 관심이 있는 기초자들에게 색채를 통한 아동심리를 파악하기 위한 기본적인 개념이해에 도움을 줄 수 있다. 또한 부록을 통해 실제 아동들의 미술작품을 분석하고, 수업에 반영할 수 있는 컬러 테라피 68개를 수록하여 실질적으로 아동교육에 반영할 뿐만 아니라 지도자 자신의 역량을 발휘하는 가교의 역할이 될 수 있기는 바란다.

저자 박현희

이 책에는 아동과 정서의 개념 및 특성 그리고 아동미술교육의 필요성을 이해하고, 아동의 그림 분석을 통한 색채의 상징 분석과 색의 개념 정리, 색채심리 등의 내용을 담고 있습니다.

심리학적으로는 시간이 천천히 흐르는 것으로 느껴지는 색으로 고급 레스토랑의 색상, 빙인의 거실 등과 같이 유쾌한 자리에는 차분한 적색계통을 사용하는 것이 좋다. 외향적이고 따뜻한 성격의 사람들이 선호하므로 심리요법에 많이 활용되고 있다.

아동의 빨간색 선호 유형은 활기가 넘치고 적극적인 행동을 하지만, 내면적으로는 현실에서 만족하지 않고 늘 부족함을 느끼는 경향이 있다. 부족한 감정은 불만이 되어 기폭제 역할을 하고, 이로 인하여 상대방을 힘으로 밀어내고 공격적이 되어서라도 자기의 주장을 강하게 내세우고자 하는 욕구가 강하다. 현실에서 욕구를 채우고자 하는 면이 강한 성향의 이 아동은 빨간색을 과감하게 넓은 필치를 이용하여 다른 색 위에 칠하는 행동을 보인다.

같은 빨간색을 칠하더라도 주변의 색들과 어울리게 존중하며 조화로운 색을 사용하였다면 애정표현이 표출되었다고 할 수 있고, 거친 필치로 칠했다면 주변에 대한 공격성이 강하다는 것으로 해석할 수 있다.

## 부록 1. 다양한 색감으로 표현한 아동미술작품

● 다양한 효과와 재료를 통해 색감을 표현한 꿈드림 아동미술작품 사례입니다.

**다양한 색감으로 표현한 꿈드림 아동미술작품**

▲ 가을소풍 – 초2남, 차호진

## 부록 2. 68가지 컬러 테라피

● 컬러 테라피(Color therapy, 색채 치유)는 색의 에너지와 성질을 심리 치료와 의학에 활용하여 스트레스를 완화시키고 삶의 활력을 키우는 정신적인 요법으로, 제공된 68가지의 다양한 그림에 색을 칠하면서 컬러 테라피 효과를 누려보세요.

### 13. 다양한 표정처럼 각각 다른 색으로 칠해보아요.

# 이 책의 목차

# CHAPTER 03

## 색의 요소 및 분류

# CHAPTER 04

## 색채지각

# CHAPTER.
# 01

# 아동발달과 색채

아동과 정서의 개념 및 특성 그리고 아동미술교육의 필요성을 이해하고, 아동의 그림 분석을 통한 색채의 상징 등에 대해 알아봅니다.

아동 연령에 대한 기준은 법률적 정의가 다소 차이를 보이고 있으나, 보편적으로는 법률의 규정을 따르고 있다. 유엔아동권리협약에서는 아동의 연령을 18세 미만의 모든 사람을 의미한다고 명시하고 있으며, 우리나라의 아동복지법 제 2조에서도 마찬가지로 18세 미만의 자라고 규정하고 있다.

아동기란 사회환경 적응에 필요한 학습능력을 이루기 위한 시기로서, 특히 현대사회의 아동은 인지적, 과학적 능력에만 치중한 결과로서 간과한 인간 감정과 정서적 측면의 중요성이 대두되고 있다. 이러한 점은 정서와 감정에 관련한 학문 연구가 증가되는 분위기를 보면 실감할 수 있다. 김복영(2000)은 지능지수인 IQ(Intelligence Quotient)보다도 감성지수인 EQ(Emotional Quotient)에 대한 관심이 증대되면서 아동의 교육에 있어서도 자신의 감정을 자각하고 조절하는 능력과 타인에 대한 공감과 배려를 위한 능력이 중요시되고 있다고 언급하였다. 또한 정서와 반응성의 결합으로의 '정서성'에 대하여 김경희(2004)는 한 개인이 자신 또는 주위를 둘러싼 환경과의 관계에서 개인의 의지를 나타내는 표현 반응의 강도와 시간을 뜻하는 것이라 하였다. 이러한 정서성에 관한 이론은 에릭슨(Erikson)과 프로이드(Anna Freud) 이론에 근간을 둔다.

아동기의 가장 대표적인 특성 중 하나는 의존적인 것으로써 아동은 지적, 신체적, 사회적으로 의존할 수밖에 없는 존재이다. 이러한 아동은 자립하기 전까지 누군가의 보살핌을 받고 의존함으로서 성장한다. 또 다른 특성으로 아동이 자신의 성장에 있어서 성숙단계로 발전하는 과정으로, 아동은 주변 사람들의 지도를 통해 상황 대처에 필요한 능력을 발전시킬 수 있다.

무엇보다도 가장 기본적인 인간본능의 욕구인 생리적 욕구이다. 여기서의 생리적 욕구(physiological needs)는 매슬로우의 욕구 단계설(Maslow:1908 ~ 1970) 이론으로서, 이 학설에 의하면 욕구의 강도와 중요성에 따라 생리적 욕구, 안전욕구, 애정(사회적)욕구, 존경욕구, 자아실현 욕구를 5단계로 분류할 수 있다. 그러나 아동기에 충족된다 하더라도 '인격적 욕구'가 결핍되면 건전한 아동발달이 진행될

수 있다. 생리직 욕구에 비하여 복잡하고 다양한 싱걱의 인
격적 욕구가 중요하다. 모든 아동들은 사회와 가정 속에서
인간답게 살고 애정을 느끼고 싶어 하며, 또래 아동들과 어
울리는 과정에서 소통하고 인정받는 과정 속에서 새로운 경
험을 습득하는 인격적 욕구를 갈망하는 존재이다.

인간은 내재되어 있는 감정을 밖으로 드러내기 위하여 동작
또는 언어적 수단으로 표현하곤 하는데, 아동 또한 마찬가
지이다. 정서성의 증진을 위한 아동미술은 아동이 직접적인
표현, 즉 언어적으로 할 수 없는 감정을 그림이라는 수단을
사용하여 다양하게 표현할 수 있다는 점에서 필요성이 대두
되는 것이다.

아동기는 민감한 시기로서 감정이 풍부하고 예민한 특성이
있다. 아동은 성인에 비해 욕구에 대한 만족, 또는 열망하고자 하는 바에 대한 즉각적 반응을 원하고,
기다림에 익숙하지 못한다. 아동 자신의 욕구충족이 좌절될수록 불안을 느끼고 적대적으로까지 이르
게 된다. 이는 아동 자신이 형성한 감정의 영역 안에서 반응하기 때문에 아동과 관련된 가까운 사람들
의 감정에 더욱 예민하게 반응하게 된다. 아동기의 시기에는 아동이 스스로의 힘으로 적응하기에는 한
계가 있으므로 지속적인 보호 및 양육이 필요하고, 이는 적응하기 위한 아동의 사회성을 발달시키기
위함이다.

플라칙(Plutchik)은 정서에 관한 이론으로 8가지의 정서 종류를 언급하였다. 공포, 분노, 기쁨, 슬픔,
혐오, 수용, 예상, 놀람의 8가지가 이에 해당된다. 이처럼 정서에 관련된 학자의 주장에 근거하여 보면
정서가 형성되기 위해서는 주변 환경과 조화롭게 상호작용하여야 함을 알 수 있다. 이러한 정서는 그
림에 표현된 색을 통해 가장 잘 나타나고, 색채를 통해 감정이 표현되거나 혹은 색채가 직접적인 감정
변화를 일으키기도 한다. 또한 색채의 감정변화는 성인보다는 아동에게 훨씬 더 예민한 반응을 불러
일으킨다.

## 2 아동미술교육의 필요성과 의의

아동 미술교육을 살펴보기 앞서서 먼저 교육이 왜 필요한가에 대하여 살펴 볼 필요가 있다. '태교'에서
부터 시작하여 가정교육과 학교 교육, 그리고 사회교육에 이르기까지 우리는 평생 동안 교육을 받으며
산다. 칸트는 〈교육학 강의〉를 통해 "인간은 교육을 받아야 하는 유일한 피조물"이라 언급하였으며, 인
간이 다른 동물과는 다르게 전 세대에 경험한 것을 후세대에 계승하는 교육을 강조하였다. 일반적으로
교육이 필요한 이유는 다음과 같이 요약될 수 있겠다.

첫째, 인간은 태어날 때 다른 동물들과 비교해서 매우 미성숙한 상태에서 태어난다. 그렇기 때문에 인간은 꽤 오랫동안 부모 또는 사회의 울타리에서 도움을 받아야 성장할 수 있다. 이는 생존과도 직결되어 있는 것으로서 생물학적으로 인간은 미성숙하고 의존적이고, 또한 발전할 수 있는 잠재성도 높다. 그렇기 때문에 인간은 생물학적으로 볼 때 반드시 교육이 필요한 것이다.

둘째, 교육이 필요한 이유는 생물학적 인간을 넘어서 사회 문화적인 인간으로 살기 위함이다. 1920년에 발견된 늑대소녀의 이야기를 보면 교육의 필요성을 더 절감할 수 있다. 늑대 굴에서 늑대와 함께 자라고 생활한 2세의 아말라와 8세의 카말라의 경우에는 인간으로 태어났으나, 말과 행동 모든 것들은 인간과는 거리가 멀었다. 즉, 이들은 생물학적으로는 인간일지 몰라도 사회 속에서 어울리지 못하고 인간과 다른 습성을 보이기 때문에 이들은 신체만 인간인 늑대인간이 된 것이다. 따라서 이 사례를 통해 알 수 있듯이 인간은 사회적 동물이다. 이러한 사회 구성원으로서 살 수 있도록 하기 위해 교육이 필요한 것이다.

셋째, 도덕적 인간으로서 살기 위해 교육이 필요하다. 달리 말하자면 사람답게 살기 위해서는 규범과 도덕성이 필요하다. 이것은 인간의 인격을 형성하여 주며 삶의 가치를 고양시키는 역할을 한다. 그렇기 때문에 교육이 필요하며, 이를 통해 인간답게 살 수 있게 된다.

넷째, 17세기 중반 이전까지 교육은 종교 행위를 통해 그 흔적을 찾을 수 있었다. 그러나 17세기 중반 이후부터는 급변하는 사회구조 속에서 분화되고, 또 종교 간의 갈등이 높아짐에 따라 특정 종교가 교육의 수단이 되지는 않는다. 영적으로 보는 인간은 존재성과 가치관을 규정하고 삶에 있어서의 기준과 방식의 기준을 중시한다. 따라서 정신적인 면에서 '전인'적 인간으로 자라기 위해 교육이 필요한 것이다.

지금까지 교육의 필요성에 대해 간단하게 살펴보았다. 교육이란 사고방식을 제한하는 훈련이기보다는 무한한 가능성에 대한 초월적 차원까지 관심이 확대되어야 한다. 홀리스틱 또한 인간의 전인교육을 언급하면서 교육을 통한 삶의 전체성을 강조하였다.

다음으로는 교육의 유형이 어떻게 분류되는가를 살펴보도록 하자. 교육의 분류는 교육 내용과 목적에 따른 일반교육과 교양교육, 연령에 따른 유아교육, 초등교육, 중등교육, 고등교육, 성인교육으로 구분할 수 있을 것이다. 또한 교육의 형식에 따른 분류 또한 가능하겠다. 필자는 교육의 제도적 특성에 따라 구분되는 유형 세 가지를 살펴보도록 하겠다.

첫째, 무형식적 교육이다. 무형식적 교육이란, 말 그대로 제도와 규범의 틀에 의한 교육이 아닌 일상생활 자체에서 자연스럽게 배우는 형태의 교육을 의미한다. 고대의 원시인들은 따로 교육을 받지 않아도 생활 속에서 사냥이나 음식만들기, 도구만들기 등의 방법을 배움으로써 기술과 지식을 습득하였다. 엘리아테라는 종교학자는 인간의 성장 단계에는 결정적인 시기가 있다고 하였으며, 이 시기의 위기를 극복함으로써 진정한 성인으로 거듭난다고 하는 종교 의식이 치러졌다. 즉, 무형식적 교육으로 대표적인 유형은 성년식(成年式)으로서 원시 교육에서 가장 보편적으로 나타나는 형식이다. 성년식은 〈후한서 동이전(後漢書 東夷傳)에 전해지고 있음을 확인할 수 있는데, 인내와 극기를 통한 도덕적 교육이 내포되어 있으며 실용주의와 함께 자연에 대한 경애심의 발로이기도 하다.

둘째, 형식적 교육이다. 시간이 흐름에 따라 인류의 역사는 발전하며 문명이 진화한다. 이에 따라 문자의 발명과 기술의 발전, 그리고 산업화에 따른 사회 분업화와 세분화로 생활 터전의 삶 자체가 변화되었다. 필요한 지식과 기술의 양은 급속도로 증가하는 추세에 발맞추어 교육에 있어서도 간접적이고 전문적인 형식적 교육이 필요하게 되었다. 직접 체험하지 않더라도 간접적인 설명과 지식 전달을 제도화된 교육기관을 통해 교육활동을 전개하는 교육을 형식적 교육이라 한다. 듀이(John Dewey)는 학교교육은 단순화된 환경을 제공하고, 정화된 교육환경과 균형 잡힌 환경을 마련해 준다 하였으나 체험과 현장의 비연계적인 교육 특성 때문에 추상적이며 죽은 교육이란 비판을 받기도 했다. 따라서 형식적 교육 환경 속에서 무형식적 교육의 장점을 어우러지도록 해야 한다는 점이 중요하다고 본다.

셋째, 비형식적 교육이다. 포스트모더니즘 사조가 대두되기 시작한 20세기 후반의 학교 교육은 사이버 공간을 통해 학교 외 교육의 형태로서 존재하고 있다. 1970년대의 평생교육론 등장은 학교 교육 외의 다양한 교육의 가능성을 발견할 수 있는 유형으로서 교사의 가르침이 배재되더라도 학습이 가능하다는 것이다.

아더 콤스(Arthur W. Combs)는 미국 교육의 발전을 위한 공헌을 인정받아 '존 듀이 상(the John Dewey Award for Distinguished Service to Contemporary Education)'을 수상하였는데, 그는 오늘날 위기에 처한 교육의 상황을 극복하기 위해서 비형식적 교육의 필요성을 강조하였다. 한국에서는 방송대학과 유사한 유형이 이에 속한다고 볼 수 있다.

그렇다면 미술교육은 어떠한 의의를 지니고 있는가? 현재 보편적으로 알려져 있는 미술교육의 의의 세 가지는 다음과 같다.

첫째, 미술교육을 함으로써 정서교육을 함양할 수 있다. 아동은 체계화되지 않은 복잡한 정서 상태를 지니고 있는데, 미술교육 속에서 예술작품을 통한 아름다움을 경험하고 접함으로서 정서의 순화를 이룰 수 있는 것이다.

둘째, 미술교육을 통해 창의성을 기를 수 있다. 창의적 사고력은 구체성, 유연성, 유창성을 통한 미적 경험을 할 수 있도록 가르침으로서 창의성을 증진시킬 수 있다.

셋째, 미술교육을 통해 예능적 자질을 함양할 수 있다. 예술교육은 미술과 음악 등을 가르치는 과정을 통해 예술적 기능을 기를 수 있는 것이다.

그렇다면, 미술교육의 목적을 설정할 때에 고려되어야 할 점은 무엇인가?

먼저, 미술교육을 함에 있어서 교과의 본질에서 벗어나지 않아야 한다. 미술교과의 학문으로서 미술교육학의 목적은 미술의 특성에 부합하여야 한다. 또한 교육을 받는 대상인 학습자의 심리에 맞아야 한다. 학습자는 학생이기 이전에 한 인간이기 때문에 학습자의 삶에 도움을 줄 수 있어야 한다. 마지막으로 고려되어야 할 점은 미술교육은 사회의 요구에 적합하도록 정해져야 한다.

지금까지 미술교육의 의의에 대하여 살펴보았다. 다음은 미술교육의 특성이 무엇인가에 대하여 살펴보도록 하겠다.

첫째, 미술교육은 미술의 형식을 빌려 시각적으로 표현한다는 점에 있어서 조형성을 언급할 수 있다. 여기에서 언급된 조형이란 형태의 산출을 위한 기본적 행위로서 사회성을 반영한다. 달리 말하자면 자신이 아이디어를 만들고 그것을 형태화하는 과정에서는 아이디어의 선택과 포기의 과정을 겪는다. 이것은 스스로 만들어낸 다양한 아이디어 중에서 조화를 이루고 형태로 시각화하기 위해서 스스로 정하고 통제하는 것을 의미한다. 따라서 사회성을 위한 나와 타인의 소통과 조화를 작품활동을 통해서 경험하는 것이다. 예를 들면, 아동이 나무라는 형태를 철로 표현하고자 한다면, 다양한 물질들 중에서 스스로 나무를 선택하고 이외의 재료는 통제한다. 물질의 다양한 경험은 결국에는 사회성의 발달에 도움을 줄 수 있는 것이다. 또한 재료의 특성을 다양하게 알고만 있더라도 내재된 아동의 잠재적 예술성을 개발할 수 있다.

둘째, 미술교육은 정서성의 함양이라는 특성이 존재한다. 정서성이란 대상의 아름다움에 관심을 두어 미적으로 반응하는 성향을 일컫는다. 오늘날은 감수성의 결여가 교육의 과제로 남아 예술교육을 통하여 정서 육성을 하는 것이 중요 사명으로 여기고 있는 상황이다. 미술교육을 통한 예술경험을 함으로서 풍부한 정서가 형성된다면 사회적 또는 문화적으로도 원만한 인간성을 형성할 수 있다.

셋째, 미술교육의 특성으로 창의성을 꼽을 수 있다. 창의성은 미술교육에만 해당하는 것이 아니라 전반적인 모든 교과교육에서 의도하는 목표 중 하나로서 창의적인 행동을 위해서는 유추와 감동, 무의식의 세 가지 요인으로 발생된다. 미술은 모르는 것을 가르치는 지식의 전달이 아니라 자신의 감정과 경험을 창의적인 특성이 잘 나타나도록 표출시키는 것이 중요하다. 그러므로 미술활동은 수용적 활동이라기보다는 표현 활동에 가깝다고 할 수 있다.

미술교육의 목표를 설정할 때에는 두 가지의 관점으로 구분된다. 먼저 학생 또는 사회적 요구에 따라 미술활동의 목표 및 내용을 설정하는 맥락주의적 관점이 있고, 미술교육의 본질적인 가치로 인간 본성의 표출적 기능처럼 예술의 기능을 중시하는 본질주의적 관점이 있다.

쉴러는 미적 교육에 대한 가치를 삶의 형성력이라 보았고, 듀이는 삶속에서의 독특한 경험을 가능하게 하는 것이 미적 교육의 가치라고 여겼다. 20세기 후반의 미술교육 이론들을 기반으로 하여 제시하고 있는 미술교육의 목표는 맥락주의적 입장과 본질주의적 입장의 적절한 조화로 성립되는 것이 바람직하다 하겠다.

정리하자면 미술교육의 목표는 먼저, 미적 현상에 있어서 감각적 반응 및 판단력을 형성할 수 있도록 하고, 두 번째로 시각예술의 이성과 감성, 그리고 형식과 내용의 구별 능력을 기르도록 해야 한다. 세 번째로는 창조력을 통해 변화와 새로움을 위해 지향해야 하고, 네 번째로는 미술활동의 과정을 통해 문제해결 능력을 기르도록 해야 한다.

미술교육학은 미술교육을 체계적이고 과학적 방법으로 다루는 학문이다. 그렇다면 학문은 무엇인가? 학문이라는 것은 체계가 선 지식으로서 학습과 연구로 이루어져 있다. 미술교육학이 학문의 영역에 속하기 위해서는 다음과 같은 학문의 기본요소가 성립되어야 할 것이다.

첫째, 학문이 되기 위해서는 그 영역만의 독자성이 성립되어야만 한다. 다시 말하자면 미술교육학만의 고유한 특성으로써 다른 학문 분야로 대체될 수 없는 독자적인 특성이 내포되어 있어야 한다.

둘째, 학문으로 성립되기 위해서는 연구방법에 있어서도 나름의 독자적인 법칙이 있어야 한다. 언어 또는 개념적인 분석이 주로 이루어지는 방법론이라든지 실험에 의한 방법론, 또는 경험적인 사실들만으로 이루어진 방법론 등의 고유한 독자성이 내포되어 있어야 한다는 것이다. 그러나, 실질적으로는 현재의 학문 경향은 융합과 협동과 같은 서로 간의 유사학문을 연결하는 시도들이 추진되고 있으므로 이와 같은 주장은 설득력이 떨어진다.

셋째, 전통적으로 학문이 수립되기 위해서는 각 분야의 전문가들이 모여 구성하는 학회를 통해 연구와 소통의 결과물들을 학회지에 실어 비판적 기능을 활성화 하는 것이다.

이렇게 학문의 특성이 있음을 살펴보았다. 그러나 중요한 것은 이러한 세 요소는 학문적 이해의 전통적 방식으로써 현대의 학문은 이 세 가지에 속하지 않는 경우도 많으며, 세 가지가 골고루 합하여진 학문도 새롭게 발생하고 있다. 솔티스는 하나의 학문을 형성한다는 것에 있어서 우연적이고 역사적인 산물이라고 하였듯이 수많은 학문에 대한 논쟁을 거친 후 그들 나름대로의 이론들을 축적하고 정립시킴으로써 비로소 학문의 발전이 이루어지고 있는 것이다.

일반적인 의미로서의 미술이란 인간 내면의 정서와 감정 또는 느낌을 시각적 매체를 통해 표현하는 것을 말한다. 그러나 이러한 한정적인 정의는 현대 미술교육의 흐름 속에서 적절하게 반영되기에는 한계가 있다. 오늘날의 미술에 대한 개념은 인간 내면의 것들을 시각적 뿐만 아니라 공간적, 조형적으로 표현하는 것에서 나아가 이해하고 감상하는 것까지 확장하여 포함시켜야만 한다.

아동을 대상으로 한 교육기관에서 실시하는 미술교육활동을 의미하는 아동미술교육은 미술을 통한 사고의 확장과 느낌, 감성을 표현하여 환경에서 경험한 것을 자기만의 상징적 형상으로 표현하는 특징이 있다. 주로 아동의 미술활동은 평면과 입체의 표현활동으로 나누어지는데, 평면활동은 일반적으로 종이에 그려지거나 채색하는 활동, 즉 2차원적 활동을 의미하고 입체활동은 만들기와 같이 3차원적 표현을 의미한다.

아동미술교육의 필요성은 자아표현 방법의 제공, 우뇌와 좌뇌의 균형있는 발달, 시지각의 효과 극대화, 창의성 향상과 개성적 역량 강화, 아름다움, 즐거움의 향유 증진으로 구분할 수 있겠다. 먼저 자아표현 방법을 제공함에 있어서 미술교육이 필요하다. 아동은 자신의 감정 및 생각을 미술이라는 영역을 통해 자유롭게 발산시킬 수 있는데, 이러한 과정은 내적 감정을 표출하여 정서를 순화하는 역할을 한다. 또한 자신의 생각이나 감정을 표현하는 과

정을 통해 소통의 중요성을 일깨우고, 사회성을 기를 수 있다. 재료의 탐색을 통한 자아표현은 상징적인 의미를 부여한 이름을 만들기도 하면서 발달단계를 거치면서 성장하는 과정이 표현되기도 한다.

두 번째로 아동미술교육은 전뇌교육의 실현을 위해 필요하다. 전뇌교육이란 좌뇌와 우뇌의 발달이 조화롭게 균형을 이룰 수 있도록 발달시키기 위한 교육으로서 뇌의 조화는 인간성 계발을 증진시키기도 한다.

세 번째로 아동미술교육은 시각을 통해 지각되는 대상에 대하여 구조적인 관점으로 파악하여 각기 다른 자기만의 방식으로 지각된다. 그러므로 아동은 어떠한 지각을 하느냐에 따라 환경 또는 문화, 그리고 삶의 전반적인 부분이 변화될 수 있는 것이다. 즉, 미술은 타 교과에 비해 시각적 효과의 증대에 효과적으로 활용된다.

네 번째로 창의성 및 개성의 육성을 위함이다. 늘 새로움을 추구하는 현대사회의 요구에 부흥하여 아동미술은 자기의 생각을 개성 있게 표현함으로써 창의력을 증진하는 데 가장 큰 역할을 한다.

| 좌뇌 | 우뇌 |
|---|---|
| 언어적, 분석적, 이성적, 합리적, 수리적, 논리적 | 감성적, 시각적, 직관적, 종합적, 공간적, 창의적 |

마지막으로 아동미술교육은 즐거움과 아름다움을 영위하기 위하여 필요한 교과목이다. 미술활동을 통해 자신을 자유롭게 표현하는 과정 속에서 아름다움을 경험할 수 있는 기회가 주어지며, 이는 감상을 통해 미적 안목을 기를 수 있다.

## 1) 아동미술교육의 목적

아동미술교육의 목적은 우선 미적 감각의 향상, 풍부한 정서 함양, 창의성 향상, 표현력 신장, 다양한 인간의 감각 개발이라 할 수 있다.

먼저, 미적 감각의 향상이다. 다양한 조형활동을 통해 이루어지는 미술은 조화롭고 통일된 미적 질서를 함양하고 미를 통해 체험된 감각과 느낌은 감동으로 이어진다.

두 번째로는, 풍부한 정서 함양을 위한 목적이다. 미술활동은 사물에 대한 관찰력과 자극의 원동력이 되고 호기심과 미적 감각을 느끼며 정서를 풍부하게 해 준다.

세 번째로는, 창의성의 향상을 위함이다. 아동미술교육은 표현능력의 신장뿐만이 아니라 창의성을 기르는 데에도 중요한 역할을 한다. 아동은 미술을 통하여 자주적으로 생각하고 표현함으로써 능동적인 태도를 갖게 되며 개성을 마음껏 발휘할 수 있다.

네 번째로는, 표현력의 신장을 위해 미술교육이 필요하다. 아동은 미술활동을 함으로써 사물을 실제로 본 기억 또는 상상의 세계를 통해 생활 속의 경험을 자유롭고 다양하게 표현하고자 하는 욕구를 지니고 있다.

다섯 번째로, 인간의 감각 개발을 향상시키기 위함이다. 아동은 지각보다 감각적 작용에 의해 사물을 받아들이기 때문에 미술교육을 통해 아동의 사고능력을 길러줌으로써 다양한 감각을 개발시킬 수 있다. 미술을 통해 조형활동이 나타남으로써 아동에 내재된 잠재능력을 개발할 수 있으며, 나아가 사고력과 창의력 및 인지능력을 개발시키는 데 중요한 역할을 한다.

여섯 번째는, 재료의 풍부한 활용능력을 기르며, 다양한 활동을 통해 재료적 성질을 이해하고 활용 및 사용 능력을 증진시킬 수 있다. 자연물의 다양한 재료를 통한 자유로운 기법을 통하여 창의력 신장에 도움을 줄 수 있다. 예를 들면, 가을 나무의 변화를 관찰하고, 떨어지는 낙엽을 이용하여 밟고, 던지고 미술활동을 하며 자연물이 주는 아름다움을 경험한다. 또한 바람소리와 나뭇잎의 촉각경험을 통해 공감각적 표현 능력을 기를 수 있다. 마지막으로 미술활동을 통한 조형능력, 즉 꾸미고 만들며 그리는 행위는 실생활에 아름다움을 합리적으로 활용할 수 있는 능력과 생활태도를 기를 수 있도록 도와준다. 특히, 아동이 좋아하는 동물들을 관찰하고 흉내 내며 동물을 표현하는 미술활동은 긍정적 에너지를 발산할 수 있다.

| 미술교육의 종류 / 미술교육의 구분 | 표현기능 중심 | 창의성 중심 | 이해 중심 |
|---|---|---|---|
| 배경 | 미술 아카데미의 전통 | 심리학 발달 | 지각 심리학 발달 |
| | | 아동 중심 교육 | 학문 중심 교육과정의 영향 |
| | 산업혁명과 산업 발달 | 표현주의 미술 등장 | 다양한 현대미술의 전개 |
| 특징 | 산업디자이너, 사회에서 필요한 미술가 양성 | 표현의 과정 중시 | 미술 교과의 독자성 강조 |
| | 반복 훈련을 통한 기능성 향상의 체계적 교육 실시 | 자유로운 표현 | 미술의 이해, 감상 강조 |
| | 미술의 기본요소, 체계적 구조 중점 지도 | 창의성 육성 | 교육과정 및 교사의 중요성 강조 |
| 교육 | 러스킨의 수공예 부활 주장 | 치젝 | 아이스너 |
| | 도우의 체계적, 종합적 지도 방법 | 로웬펠드 | DBAE |
| | 바우하우스의 미술운동 (건축으로 전체예술 종합) | 리드 | 브라우디의 미적 교육론 |
| 지도 방법 | 합리적, 체계적 지도 마련 | 자유로운 자기표현으로 창의성, 잠재성 개발 | 본질적 미술의 기능 강조 |
| | 생산 기술 기초훈련 | 표현과정 중시 | 교육과정의 문서화 중시-교사의 적극적인 역할 강조 |

| | | | |
|---|---|---|---|
| 장점 | 체계적, 합리적 미술교육 | 어린이 중심 미술교육으로 전환 | 표현과 이해, 감상의 통합교육 강조 |
| | 사회의 시대요구 반영 | 인간, 교육의 중요한 위치로 정립 | 적극적인 교사의 지도, 수업, 교육과정의 중시 |
| | | 발달과 표현과정의 중요성 인식 | 미술의 독자성 강조-미술의 본질적 가치, 미술교육의 학문체계로 정립 |
| 단점 | 반복훈련으로 인한 학습자 배려 무시 | 지나친 표현 중심 교육 | 미술지식의 전달에 치중할 가능성 |
| | 생산의 도구적 입장 | 심리학 측면만 강조-미술의 본질, 사회적 요구 무시 | 체계적이고 구체적 교육과정, 지도방법의 미흡 |
| | 법칙의 지나친 강조 | 교사의 소극적 역할 | 교육과 표현 결과의 지나친 강조 |

## 2) 아동미술의 교육적 가치

아동미술은 생활과 발달과정 자체가 고스란히 반영되어 표현되기 때문에, 기록적인 특성을 지닌다. 이러한 아동미술에 있어서의 표현활동은 전인적 발달에 신체적, 정서적으로 중요한 영향을 미치므로 다양한 영역이 고르게 균형, 발전되어야 한다. 이를 통해 아동은 자신의 삶 속에서 자연스레 미술활동을 즐길 수 있어야 하는 것이다.

아동은 대체로 미술활동을 좋아하고 즐기며 자신의 생각을 다양한 재료와 도구를 통해 표현하고자 한다. 이러한 아동미술은 창작활동이 전제되어 이루어지기 때문에 아동의 개별적 개성이 존중되어야 하며, 단순한 기술 전달이 아닌 자유로운 감정 표출을 통한 학습활동이 이루어져야 한다.

아동미술은 아동이 자신의 감정과 느낌, 사고 등 표현하고자 하는 바를 다양한 매체를 통해 시각적, 공간적으로 표현하는 활동으로써 일반미술과는 구별된 특성을 지니고 있고 발달양상을 갖는 특징이 있다. 아동은 자신을 표현하는 방식으로 미술활동을 진행하고 이를 통해 심미감이 증진될 수 있다. 또한 아동의 표현 욕구 및 창조의 즐거움을 충족시키며 공간 및 시지각적 지능을 발달시킴으로써 총체적인 인간을 위한 기초교육의 역할을 한다.

## 3) 아동미술 발달단계

아동미술은 관점에 따라 구분이 되는데, 인지발달 이론인 아동 스스로 아는 것을 표현한다고 보는 관점과 개성표현 이론으로서 아동의 인성적, 심리적 특성이 그림으로 표현된다고 보는 관점, 지각발달 이론인 사물을 보는 대로 그린다고 생각하는 관점이 있으며, 마지막으로 발생반복 이론으로서 미술표현의 발달과정이 인류의 발달과정과 유사한 단계를 거친다고 보는 관점이 있다.

### ❶ 로웬펠드(Lowenfeld)의 연구

#### ㉠ 난화기(The Scribbling Stage, 2~4세)

로웬펠드(Lowenfeld)는 난화기를 2~4세로 규정하며, 이 시기에는 무엇을 목표로 하여 그림을 그리는 것이 아닌 손 근육을 이용한 운동을 통해 자연스럽게 만들어지는 선들을 발견하며 즐기는 단계로서 3단계로 분류된다.

| 무질서한 난화기 | 조절된 난화기 | 이름 붙이는 난화기 |
|---|---|---|
| 종이 위에 선을 마구 그리며 무의식적인 표현을 하는 시기 | 낙서를 시작한 후에 나타나며 시각적인 통제가 가능한 시기. 동작이 반복되고 일정한 선이 반복적으로 나타남. | 아동 발달에 매우 중요한 시기 |

#### ㉡ 전도식기(The preschematic Stage, 4~7세)

이 시기에는 표현 된 것과 사물의 관계성을 발견하는 시기로서, 알고 있는 것을 그리는 특성이 나타나는 시기이다. 또한 무의식적으로 표현하는 과정에서 서서히 의식적인 표현으로 변화해 가는 상징적 도식기로서의 기초단계라고 할 수 있다. 특히 아동 주변의 대상 중에서도 관심의 정도가 큰 것을 주로 선택하고 자기중심적인 소재 선택이 이루어진다.

ⓒ 도식기(The Schematic Stage, 7~9세)

도식기의 시기에는 아동이 그림을 그릴 때 객관화된 사물의 특징을 표현하고자 하는 의지가 나타난다. 따라서 독창적인 사물표현이 나타나서 일정한 도식 특성이 나타나는 시기이기도 하며, 사물을 표현함에 있어서 반복성의 경향이 보여 진다. 기저선(base line)이 화면 구성의 과정에서 표현되고 투시와 중첩 방식으로 사물을 그리는 특성도 있다.

ⓓ 또래집단기(The Gang Age, 9~12세)

이 시기는 여명기, 즉 또래집단기의 시기로서, 자기중심적인 경향이 사라지면서 사실적 객관화에 중점을 둔 표현이 특성인 시기이다. 자칫하면 자신감이 하락하는 경향이 일어나는 시기이기도 하다.

ⓜ 의사실기 (Pseudo-naturalistic Stage, 12~14세)

사실적 표현을 중시하는 경향이 나타나는 시기이며,
입체를 위한 원근법과 비례를 인식하여 3차원적인 사
물 표현이 가능하며, 비판적 측면으로 작품을 접함으
로써 아동의 자발적 표현 단계로서는 마지막에 해당
한다.

**3** **아동색채의 의미**

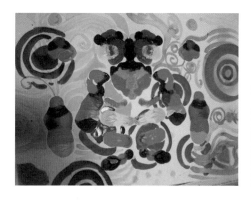

19세기 초 괴테(Johann Wolfgang von Goethe, 1997)는 색채론에서 색에 관련된 연구를 하여 생리
적, 물리적, 윤리적, 화학적, 감각적, 정서적 영향을 분석하였다. 또한, 이텐(Johannes Itten, 1962)에
의하면 색은 물리적이고 인간의 의식과는 무관하다고 하면서 긍정적 또는 부정적으로 영향력을 행사
하는 에너지라 하였다. 따라서 우리가 친숙하게 부르는 색채는 바로 '심리적 의미의 색'과 '물리적 의미
의 색'을 통칭하여 부르는 말로써, 색채는 억눌려 있던 기쁨, 공포, 슬픔, 등을 외부로 불러내어 자연스
럽게 정화작용을 이끌어내는 역할을 한다. 이는 인간의 무의식적 충동이 색채를 통해서 자극받고 흥분
되기 때문이다.

## 1) 유아동의 색채 인지발달과정

아동은 미술 표현활동을 통해 자신의 감정을 표출할 수 있다. 이에 따라 긴장감이 완화되면서 정서적으로 편안한 상태를 만들어주며, 색의 다양한 종류와 사용 방법, 그리고 색을 배색할 때 어떻게 판단하고 반응하는가를 살펴보면 아동의 발달 상태를 관찰할 수 있고 이해할 수 있다.

## 2) 영유아 단계의 특성과 색채감각의 발달(만2~3세)

만 2세에서 3세까지를 영유아 단계라 한다. 이 시기에는 특정한 목적성이나 의식성 없는 무의식적인 상태의 그리기를 통해 즐거움을 느끼는 단계로서, 로웬펠드는 영유아시기를 세 단계로 구별하였다. 첫 번째 단계의 근육운동은 발달되지 않은 상태이므로 손놀림은 조절되지 않으며, 의미 없는 선들은 끊기고 연결되지 않는다. 또한 구체적인 형상이 나타나지 않고, 방향성 또한 무질서하다. 두 번째 단계에서는 영유아가 움직이는 손동작이 그리고자 하는 모양에 가까워지고, 무의식적으로 그리는 과정에서 찾는 즐거움을 넘어서 어떤 의미를 부여하려는 행위가 나타난다. 이 행위는 그림 속 그려진 형태에 담긴 상징적 요소를 통해 표현된다. 세 번째 단계에서는 근육운동의 단순화로 그려졌던 난화가 서서히 생각을 담는 이미지 표현으로 변화함으로써 그려진 형상에 의미가 부여된다.

영유아 단계에는 어떠한 의식적 자각 없이 무의식적으로 손에 닿는 대로 칠하는 특성을 보인다. 그리는 과정에서 정해진 순서나 제한이 없고 그저 자기 원하는 대로 맹목적으로 그리는 난화로 표현된다. 이러한 무의식적 유희를 통해 영유아는 최초로 자아표현을 하게 되는 시기이다. 이 시기에는 남아와 여아 구분할 것 없이 원색을 선호하는 특징을 보이며 3세 이후가 되어서야 색채를 통해 반응하게 된다.

### 3) 유아 단계의 특성과 색채감각의 발달(만3~4세)

만 3~4세 시기의 아동은 가장 처음으로 사실적인 표현이 이루어지는 특징이 있다. 이 시기의 아동은 보편적으로 낙서의 형식으로 그리는 특징이 있으며, 어떤 것이든 자신의 입장에서 행동하며 호기심이 왕성한 시기라고 할 수 있다. 그러므로 작품에 나타난 그림의 형상 표현은 그렇게 중요한 의미를 두지 않는다. 또한 색채의 선택에 있어서도 굉장히 주관적으로 사용하는 특징도 나타난다. 그리고, 이 시기의 유아가 표현한 그림을 보면 전체적으로 동일한 색을 사용함을 알 수 있다. 이는 처음 색을 선택한 것을 끝까지 사용하였기 때문이다. 일률적으로 표현된 그림의 이미지는 서서히 수평에서 수직으로, 수직에서 수평과 수직이 혼합된 선으로 발전하고, 마지막에는 원형으로 표현한다. 이러한 표현과정을 거치면서 생각을 하고 이미지를 나타내는 활동으로까지 전개된다.

4세의 아동은 형태와 색을 분리할 수 있는 시기로서 공간을 인식할 수 있다. 이러한 특징은 심리학자 칸트의 실험에서 발견할 수 있다. 칸트는 이 시기의 아동에게 원형의 빨간 이미지를 보여 주면서 동일한 이미지를 찾아보도록 하였는데, 이때 고를 수 있는 이미지는 녹색 또는 노란색의 원반과 빨간색의 사각형이었다. 그 중에서 아동이 찾아 온 이미지는 다름 아닌 빨간 사각형이었다.

### 4) 유아동 단계의 특성과 색채감각의 발달(만4~7세)

이 시기에 아동 표현에 있어서 발견되는 특징은 색의 차이보다는 형태의 차이를 먼저 인지하는 시기로서 자신의 생각을 자유롭게 표현하여 본인만이 알 수 있는 형태로 그리려고 하는 특성이 있다.

이러한 성향의 유아동은 스스로 흥미를 끄는 색을 선택하고 형상을 칠한다. 이러한 주관적 경향은 아동이 도화지에 색칠하는 행위 그 자체에서 만족감을 얻고 즐기는 습성을 지닌다.

### ❶ 발달적인 측면

신체적인 측면에서의 유아동을 보면 아직까지는 손 근육 발달이 덜 되어있는 상태이므로 그림재료를 쥐고 선을 그리려면 온몸을 모두 이용하여 그리기 때문에 굉장히 많은 에너지를 방출하게 된다. 5세 이전의 아동은 색 선택을 할 때, 물체의 고유색을 염두 하지 않고 오직 주관적인 판단으로 선택한다. 그렇지만, 만 5세 이후의 아동에게는 고유색, 즉 실제 색과 동일한 색을 선택하여 칠하려는 의지가 나타나게 된다.

5~7세의 시기에 그린 아동의 그림은 직관성과 상징성이 돋보인다는 특징이 있다. 이 시기의 아동은 낙서와 비슷한 그림을 그리는 과정에서 그리고 싶은 대로 자유로운 에너지를 발산하는 단계이다. 그린 그림에는 스스로 이름을 붙이며, 형태의 색채 선택에 있어서도 있는 그대로의 고유색이 아니라 본인이 원하는 색으로 칠하곤 한다.

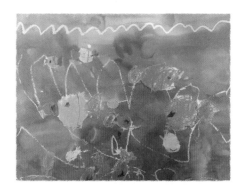

파울클레는 자연의 경험을 유아동의 창작발달의 첫 번째 요소로 꼽았다. 이러한 자연의 경험은 만들기 또는 사고력을 높이는 행위로 발달되고 이는 창작의 행위로 연결되기 때문에, 6세에서 7세 연령은 되도록 다양한 경험을 유도하여 흥미를 유발하여야 하는 것이 중요하다고 하였다.

피아제는 이 시기의 아동을 직관적 사고
가 지배하는 단계인 전도식기라 칭했다.
전도식기에는 주로 자신의 입장에서 중요
한 대상을 그리는 개념으로 파악한다. 어
떠한 물체나 대상 또는 환경에 있어서 이
해한다는 것은 복잡한 의미가 내포되어
있는 것이 아니라 온전히 직관적인 지각
을 통하여 형성된다는 것이다.

### ❷ 조형적인 측면

로웬펠드에 의하면 아동이 예전에 그렸던 그림에 대하여 그린 동기에 대한 질문을 했을 때 거의
대다수의 아동들이 잘 알지 못한다고 대답하였다 한다. 이를 통하여 알 수 있는 점은 전도식기의
아동들의 그림 특성은 객관화된 사고로 접근하는 것이 아닌, 자기가 알고 있는 것들을 조작해서
주관적으로 구성하여 상징화한다는 것이다. 세상의 이해를 자기중심적으로 해석하려 하고, 자신
과 사물을 동일시하는 단계로서 가장 독창적인 그림이 표현되는 시기이기도 하다.

## 5) 아동 단계의 특성과 색채감각의 발달(만8~9세)

이 시기의 아동은 대상과 색채의 관계를 자연스럽게 발견하고
더 이상 주관적인 경험에 의함이 아닌, 사물과 사람의 개념을 발
견하고 파악하는 능력이 생기는 시기이다. 따라서 명확한 개념
전달을 위한 구체적인 도식화에 접어드는 시기로서 독자적인 표
현이 가능하다. 사물을 인식하는 감각이 발달하여 지각하고, 여
러 번의 경험에 걸쳐져 개념화되는 과정을 통해 도식화된 그림
으로서의 표현이 가능해진다.

예를 들면, 물고기는 비늘이 있고 아가미가 존재하며 꼬리가 붙
어서 헤엄치는 것이 물고기라는 '개념화'가 성립되는 것이다. 또
한 바나나는 노란색이고 바다는 늘 파랗게 표현되는 점도 상징
적인 색채 사용이 형성되기 시작하기 때문이다.

스메들리F. W. Smedley의 청각과 시각을 비교 연구한 것에 의
하면 아동이 8세 이후부터 시각 기능이 월등하게 우수해진다는 결론이 나왔다고 한다. 9세부터는
청각보다 시각이 우세하게 발달하여 시각에 의존하는 양상을 띤다는 것이다. 이렇듯 아동의 색채
인식은 정서 또는 시각의 개념으로부터 비롯되며, 대상과의 의미 있는 최초의 관계 형성은 색채의
도식으로부터 결정되는 것이다.

## ❶ 유아동의 색채심리 발달단계 연구

| 파버비렌 | 색채 선택, 개인차 이해 중요함 |
|---|---|
| 알슐러 | • 아동화의 색채연구<br>• 미학습 된 아동의 무의식적 세계: 색채 표현 가능함 |
| 알슐러<br>해트윅 | 색채의 의미와 인간감정 사이의 보편성 |
| 로우샥 | 색채 성격 연구 |

### ㉠ 알슐러와 해트윅(Alschuler and Hattwick)의 연구

| | |
|---|---|
| 빨간색 | 자유로움. 느낀 대로 솔직하게 행동 |
| | 적응력 높음 |
| | 수직, 수평의 이중 칠하는 행위 : 공격성, 적대감 |
| 파란색 | 긴장, 예민 |
| | 명랑, 사회성 |
| 노란색 | 의존성 |
| 녹색 | 내성적 |
| | 순화성 |
| | 엄격, 회의적 |
| 검은색 | 공포와 불안 |
| | 결여된 자유로운 가정환경 |
| | 결여된 정서 |
| 주황색 | 적응력, 사회성 |
| | 감정적 표현의 두려움 |
| 갈색 | 유아적 |
| | 모성애의 결여 |

| 보라색 | 친구 회피, 감상적 |
|--------|------------------|
|        | 질병 |

## 4 아동의 그림분석 l

## 1) 색채별 심리분석

### ❶ 빨간색의 상징과 아동심리

빨간색의 상징을 정리하면 아래의 그림과 같다. 보편적으로 빨간색은 강한 에너지 효과를 위해 많이 사용되었다.

심리학적으로는 시간이 천천히 흐르는 것으로 느껴지는 색으로 고급 레스토랑의 색상, 방안의 거실 등과 같이 유쾌한 자리에는 차분한 적색계통을 사용하는 것이 좋다. 외향적이고 따뜻한 성격의 사람들이 선호하므로 심리요법에 많이 활용되고 있다.

아동의 빨간색 선호 유형은 활기가 넘치고 적극적인 행동을 하지만, 내면적으로는 현실에서 만족하지 않고 늘 부족함을 느끼는 경향이 있다. 부족한 감정은 불만이 되어 기폭제 역할을 하고, 이로 인하여 상대방을 힘으로 밀어내고 공격적이 되어서라도 자기의 주장을 강하게 내세우고자 하는 욕구가 강하다. 현실에서 욕구를 채우고자 하는 면이 강한 성향의 이 아동은 빨간색을 과감하게 넓은 필치를 이용하여 다른 색 위에 칠하는 행동을 보인다.

같은 빨간색을 칠하더라도 주변의 색들과 어울리게 존중하며 조화로운 색을 사용하였다면 애정표현이 표출되었다고 할 수 있고, 거친 필치로 칠했다면 주변에 대한 공격성이 강하다는 것으로 해석할 수 있다.

### ❷ 노란색의 상징과 아동심리

노란색의 상징은 다음과 같이 정리 할 수 있다.

노란색은 내성적이고 재능 있는 사람들이 주로 사용하는 색으로서, 정신적인 불안에 대한 방어기제로써 노랑을 선택하기도 하는데, 복잡한 것들을 싫어하는 성향이 있으며 분석적인 성향이 강하다. 명랑하며 질투, 화려함을 상징하며 연상어로는 비옷과 나비 등이다. 노란색을 선택한 아동은 행동적으로는 사교적이고 명랑하며 정서적으로 인정이 넘치나, 내적으로는 의존성과 어리광을 부리고자 하는 욕구가 강하게 존재해 있다.

### ❸ 파란색의 상징과 아동심리

| | | |
|---|---|---|
| 맑게 갠 하늘과 드넓은 바다 | 편안함과 정적, 평화 | 고요함, 안전성, 편안함, 온건, 온전함 |
| 놀라움, 우울, 차가움 | 수동성, 고요함, 촉촉함, 깨끗함 | 무취, 정신 반영, 우울, 슬픔, 바다, 하늘 그리움 |
| 수축성 | 후퇴색 | |

순수하고 밝은 상징성을 내포한 파란색을 자주 사용하는 아동의 심리는 남성적이면서도 뚜렷한 강한의지가 반영된 색이라는 견해가 있다. 파란색 중에서도 연한 파랑은 강하면서도 밝고, 남성적이며 부드러운 성격을 지닌다. 반면에 어두운 파란색은 차가우면서 무겁다. 또한 남성적인 강함이 내재되어 있기 때문에 선명하다. 파란색을 선호하는 아동의 심리는 휴식을 취하고자 하는 욕구가 강한 편이고 몸과 마음이 지친 상태를 뜻하는 반면에, 주어진 일에 대한 책임을 다하고자 하는 의지도 강하기 때문에 휴식과 책임감에 대한 이중적인 충돌로 정신적으로 매우 피곤한 상태라 할 수 있다. 이러한 아동은 파란색을 사용할 때에 덩어리로 표현하면서 긴장된 필치를 사용한다. 그러나 형과 선을 이용하여 그림을 그리면서 파란색을 사용했다면 대체로 사교성이 있고 명랑한 성격의 아동이라 해석할 수 있다.

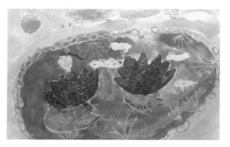

## ❹ 초록색의 상징과 아동심리

식물의 색,
엽록소의 색

풍요로움, 젊음,
신선함, 희망, 평화,
안전, 이상, 안락함

자연계의 색

인간에게 가장
친밀한 색

안전, 진행, 구급

미래의 색

인식, 평화, 위안,
이상, 순정, 신앙불변

명상, 젊고 미숙함,
가공되지 않은 자연

초록을 사용하는 아동은 신중한 성격을 지니고 있으며 충동적이지 않고 감정조절을 잘한다. 내향적인 성향이 강하고 자기감정의 강한표현을 하지 않는데, 이는 충동적 성향이 적기 때문이다. 빨간색을 선호하는 아동과 비교하였을 때에 초록색을 선호하는 아동은 엄격한 환경 속에서 자라 왔기 때문에 자기행동에 대한 억제를 잘 하는 것이다.

### ❺ 보라색의 상징과 아동심리

고귀, 우아, 평안,
신비, 영원

시인성
주목성이 낮음

귀족의 색

고대 중국에서는
태평성대의 상징

형이상학적 세계의
사상적 표현

예술가들과 문화적인
취향의 사람들이
좋아함

여성을 더욱 여성
스럽게 보여줌

섬세하고 뛰어난
취향

보라색을 자주 사용하는 아동의 경우에는 친구 사귀는 것을 별로 좋아하지 않는 성향을 지니며 불행한 심리를 표출하고 있다. 보라색을 좋아하는 사람은 문화적인 면들을 중요하게 생각하고, 자만심이나 허영심을 중시하는 경향이 있다.

## ❻ 주황색의 상징과 아동심리

- 활력과 에너지가 강한 색
- 사회적인 색 – 명예를 상징
- 환희와 사치적 발랄한 성격
- 사회에 잘 적응하는 사람들
- 외향적인 성격
- 강한 감정적 표현을 도피하려고 사용
- 공상적 놀이로 현실생활에서 도피
- 동정과 우애를 구함과 동시에 수줍은 어린이

주황색을 자주 사용하는 아동은 활력이 넘치고 에너지가 강한 성격을 지니고 있다. 대체로 건강하고 사회에 잘 적응하며 사교성이 좋은 특징을 지닌 아동이 주로 사용함을 알 수 있다. 사회적으로 명예욕이 높고 발랄하며 외향적인 성격을 지닌다. 따라서 혼자 있기보다는 주위 사람들과 어울리기를 좋아하는 성격의 아동이 해당된다. 반면에 수줍은 성향의 아동도 주황색을 사용한다. 그 원인은 수줍고 소심한 성향의 아동이 강한 감정표현을 회피하고 싶거나 현실생활에서 도피하기 위하여 공상적인 놀이를 즐긴다는 점에서 찾을 수 있다.

## ❼ 갈색의 상징과 아동심리

| | | |
|---|---|---|
| 충동과 억제 사이의 중간적인 입장 | 유아동의 어머니와의 갈등관계를 시사 | 익숙한 것에서 느끼는 근원적인 안정감 |
| 풍요로운 들판과 대지를 연상 | 모성애의 결핍 | 애정의 욕구 고동색 −극도의 애정 부족 |
| 물욕, 금전욕 | 항상 불만이 많고 자기주장을 잘 나타내지 않음 | |

갈색은 추수를 한 후의 들판을 상징하므로 가을을 연상시킨다. 갈색을 자주 쓰는 아동의 경우에는 애정의 욕구가 강하고 모성애가 결핍되어 있는 상태일 가능성이 높다. 또한 금전욕이 강하고 청결을 중시한다. 갈색 중에서도 진한 갈색일 경우에는 애정 결핍이 극한 상태로서 불만이 많으나 자기주장을 내세우기를 싫어한다.

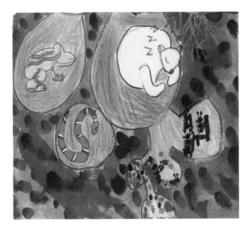

## ❽ 회색의 상징과 아동심리

| | | |
|---|---|---|
| 어둠의 힘 | 암울하고 알려지지 않은 것에 대한 공포 | 밤의 어두움, 슬픔, 그리고 죽음 |
| 정서행동에 결함 | 주위의 간섭으로 스스로 억압하고 있는 상태 | 어머니의 강한 간섭이 가장 민감 |
| 가정환경이 대체로 밝지 못한 경우 | 불안과 불신 | |

아동의 그림에서 회색은 자주 사용하지 않는다. 유난히 회색을 자주 사용하는 아동은 조용하고 보수적인 성질을 지닌다. 또한 지루함과 수동적인 의미도 내포하고 있다. 이와 더불어 무생명적 분위기도 내재되어 있는 회색은 밝음과 어두움의 양면적 성격을 지니고 있으므로 중립적인 성향을 띤다고 할 수 있다. 아동이 회색을 선택하는 경우는 친구와의 관계 또는 가정환경 속에서의 대인관계가 원만하지 않거나 타인에 대한 상대적인 열등감 또는 경계심이 강할 가능성이 높다. 주로 억압당하는 가정환경에서 지내는 아동이 사용하며, 외로움을 많이 타는 성향과 동시에 냉정한 면도 지니고 있다.

## ❾ 검은색의 상징과 아동심리

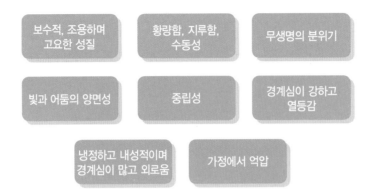

보수적, 조용하며 고요한 성질

황량함, 지루함, 수동성

무생명의 분위기

빛과 어둠의 양면성

중립성

경계심이 강하고 열등감

냉정하고 내성적이며 경계심이 많고 외로움

가정에서 억압

아이가 검정색을 선택하였을 때의 심리상태는 주로 정서적 행동결함이 영향을 미치는 것으로 해석할 수 있다. 검정을 선택한 아동은 대부분 어두운 가정환경 속에서 자랐을 경우가 많다. 또한 어머니의 간섭을 심하게 받는 아동은 자유로움이 결여되어 있으므로 스스로를 억압하는 상태에서 공포와 불안을 느낄 수 있다. 나아가 인간관계에서도 신뢰를 받지 못하는데, 이러한 아동의 성향은 자라왔던 환경 속에서 타인에게 불신과 의문을 갖는 성향을 지니고 보고 싶지 않고, 듣고 싶지 않은 것들을 강압적으로 경험했던 경험이 원인으로 작용한다.

# 색의 개념

색의 물리학적 정의에서 가시광선과 스펙트럼의 색, 색순응의 개념을
이해하고, 빛의 굴절과 회절, 산란 및 간섭의 현상을 통한 색의 개념을
알아봅니다.

01 색이란 무엇인가

## 1) 색의 물리학적 정의

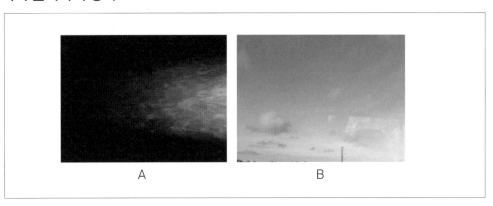

본격적으로 색을 설명하기에 앞서 빛에 대하여 언급할 필요가 있다. 왜냐하면 빛은 색을 볼 수 있도록 해주는 필수불가결한 요소이기 때문이다. 그렇다면 빛이란 무엇이고 어떤 중요한 역할을 지니는가를 살펴보기로 하자. 이를 보다 쉽게 이해하기 위하여 먼저 위의 두 그림을 살펴보자. 무엇이 보이는가? 그렇다. A는 어두움으로 둘러 싸여져 있다. 너무도 당연한 말이지만 우리는 언제나 눈을 감고 뜬다. 눈을 감으면 어두운 암흑 속이다. 이때에 인간은 어둠속에서는 그 무엇도 볼 수 없다. 반면에 B는 밝은 하늘이다. 감은 눈을 뜨면 빛나는 하늘을 볼 수 있다. 왜냐하면 우리의 눈은 빛을 통하여 사물을 식별할 있기 때문이다.

우리가 사물을 '본다'는 것은 물리적인 작용으로써 접근한 것이다. 즉, '눈으로 사물을 본다'는 것은 '눈'의 물리적 작용을 거쳐 신경기제의 영역에 도달하여 '보는' 것이다.

그렇다면 색이란 무엇인가?

색은 시각적 기본 요소 중의 하나로써, 빛을 통해 형성된 파장에 의해 식별할 수 있다. 이러한 색은 빛과는 다르게 전반적으로 파동의 성격 및 길이로 분류된다. 각각의 다양한 컬러는 시각적으로 보이는 가시광선의 속성을 지닌다. 여기에서 중요하게 짚어볼 점이 있는데, 그것은 바로 모든 파장 속 색을 볼 수 있는 것은 아니라는 점이다. 보편적으로 우리의 눈으로 감지  되는 가시광선의 경우 파장 범위는 380nm~780nm에 해당된다. 가시광선 이외의 파장은 우리의 눈이 감지할 수 없는 범위에 있기 때문에 우리의 시야에 보이지 않는다.[1] 특히 우리 눈이 가상 발달되어 있는 부분으로는 노랑에서 파랑 사이의 색상이 해당된다. 또한 555nm 부분이 가장 밝게 보이는데, 이것은 명소시 때의 명도 감각 때문이다.

### ❶ 가시광선과 색

우리의 시각에 보이는 가시광선은 어떻게 발견되었을까?

가시광선을 발견한 학자는 뉴턴이다. 뉴턴은 만유인력과 더불어 현대물리학의 위대한 발견을 한 것이다. 가시광선의 가장 보편적인 분류는 태양광선을 프리즘에 통과시켜 얻은 것이다. 아래의 그림들에서 보는 바와 같이 프리즘을 통과한 빛은 파장의 길이에 따라 장파장에서 단파장까지 빨강, 주황, 노랑, 초록, 파랑, 남색, 보라 순으로 색이 구분된다.

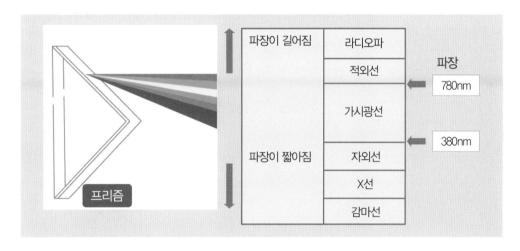

| 가시광선 | 380nm~780nm 범위의 파장, 눈에 보임 |
|---|---|
| 자외선 | 380nm보다 파장이 짧은 부분, 햇볕이 타는 원인이 됨 |
| 적외선 | 780nm보다 파장이 긴 부분, 열작용 |

▲ 프리즘을 통과한 빛의 색상

### ❷ 빛의 스펙트럼과 색

빛은 프리즘을 통과한 파장이 각기 다르게 굴절되는 각도의 정도를 이용하여 순수한 가시 스펙트럼 색을 얻는다. 파장이 길면 굴절률은 작고, 파장이 짧으면 굴절률이 크게 나타난다.

---

1) 예를 들어, 어떤 전자파는 수백 미터의 길이로 되어 있지만, 가시광선의 파장은 매우 작아서 1미터를 단위로 했을 때 약 100만 분의 1 정도 밖에 되지 않는다. 큰 단위의 숫자로는 가시광선이 측정되지 않기 때문에 일반적으로 1m를 10억 분의 1로 나눈 나노미터라는 단위로 측정한다.

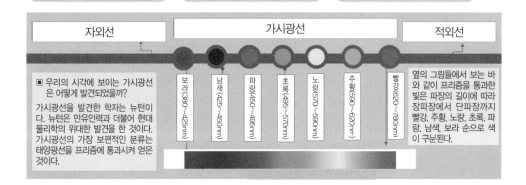

① 유채색은 스펙트럼 상의 일부 파장만을 강하게 반사하는 선별적 반사를 하며, 무채색은 여러 가지 파장이 고르게 반사된다.

② 사람은 가시 스펙트럼 상에서 약 200개의 색을 변별할 수 있고, 이러한 색의 강도를 약 500개의 밝기로 구분할 수 있다. 여기에 약 20단계의 채도를 포함하여 이론적으로 약 200만 가지의 색을 구별할 수 있다.

③ 흡수 스펙트럼은 시각 색소가 흡수하는 빛의 양을 파장별 함수로 나타낸 것으로, 추상체는 419nm, 531nm, 558nm의 세 가지 파장의 빛에 잘 반응 한다.

| 자외선 | 가시광선 | 적외선 |

■ 우리의 시각에 보이는 가시광선은 어떻게 발견되었을까?
가시광선을 발견한 학자는 뉴턴이다. 뉴턴은 만유인력과 더불어 현대 물리학의 위대한 발견을 한 것이다. 가시광선의 가장 보편적인 분류는 태양광선을 프리즘에 통과시켜 얻은 것이다.

보라(380~425nm) 남색(425~450nm) 파랑(450~495nm) 초록(495~570nm) 노랑(570~590nm) 주황(590~620nm) 빨강(620~780nm)

옆의 그림들에서 보는 바와 같이 프리즘을 통과한 빛은 파장의 길이에 따라 장파장에서 단파장까지 빨강, 주황, 노랑, 초록, 파랑, 남색, 보라 순으로 색이 구분된다.

이와 같이 전자기파 스펙트럼은 가시광선이라고도 하는 백색광을 프리즘에 통과시켰을 때 나타나는 무지개 색의 연속되는 색띠를 말한다. 1666년 뉴턴은 빛의 파장이 굴절하는 각도가 각각 다르다는 성질을 알고 프리즘을 이용하여 가시광선의 색을 밝혀냈다. 또한 프리즘을 통과하여 분광된 빛을 단색광이라 부르며, 단색광은 다시 분광되지 않는다. 단색광은 빨강, 주황, 노랑, 초록, 파랑, 보라의 6가지이다.

### ❸ 색순응

색순응이란 색자극의 정도에 따라 감각기관의 자극의 감수성이 변화되는 현상이다. 주간에 가장 높은 시감도를 갖는 색상은 연두색이고, 야간에 가장 높은 시감도를 갖는 색상은 녹색이다. 또한 추상체에 의한 순응이 간상체보다 훨씬 빠르며 간상체 시각 500nm, 추상체 시각 560nm일 때 가장 민감하다.

| 명순응 | 추상체가 시야의 밝기에 따라 감도가 작용하는 상태로, 어두운 상태에서 밝은 상태로 바뀔 때 민감도가 증가한다. |
|---|---|
| 암순응 | 간상체가 시야의 어둠에 순응하는 상태로, 밝은 상태에서 어두운 상태로 바뀔 때 민감도가 증가한다. |

| | |
|---|---|
| 명소시 | 밝기가 100cd/㎡ 이상에서의 시감을 명소시라 한다 |
| 암소시 | 밝기가 1cd/㎡ 이하에서의 시감을 명소시라 한다. |
| 박명시 | 555nm의 명순응시의 최대 시감도가 암순응 시 최대 시감도인 507nm로 옮겨가는 과정의 시지각을 말한다. |

형광등으로 조명된 방에서 백열전구로 조명된 방으로 이동하면 처음에는 그 방의 모든 물건이 붉은 기운을 띠고 있는 것처럼 느껴진다. 그러나 곧 조명광의 색에 대한 느낌과 부자연스러움은 사라진다. 그리고 이전의 형광등 조명공간과 차이를 느낄 수 없게 된다. 이러한 현상을 색순응이라고 한다. 이렇게 색순응은 빛의 어떤 파장에 대한 밝기 및 색에 대한 순응현상이라고 할 수 있다. 햇빛 아래에서 하얗게 보이는 종이는 다른 형광등이나 백열등, 석양 속에서 조금씩 다른 색으로 보여 진다. 하지만 우리는 늘 심리적인 조절작용에 의해 조명조건이 달라지거나 관찰조건이 달라지더라도 물체 고유의 색을 같은 색으로 지각하는 성질을 가지고 있다. 따라서 이처럼 조명광의 변화로 인하여 물체에 내재된 분광방사의 특성이 변해도 본래의 색은 변하지 않는 성질을 색의 항상성이라고 한다. 그 때문에 서로 다른 조명 아래에서도 물체는 거의 같은 색으로 보이게 된다.

## ㉠ 명암순응

망막에는 감도가 다른 두 가지 기능이 있어서 시야의 밝음에 따라 자동적으로 조절된다. 낮에 영화관과 같은 어두운 실내에 들어갔을 때 아무 것도 분간하지 못하다가 잠시 시간이 지나면 서서히 사물의 형체가 보이기 시작하는 것을 경험한다. 이처럼 밝은 장소에서 어두운 장소로 이동했을 때 깜깜해서 아무 것도 보이지 않다가 시간이 흘러 눈이 어둠에 적응해서 물건이 보이게 되는 상태를 암순응이라고 하며, 다시 어두운 곳에서 갑자기 밝은 곳으로 나왔을 때 눈부심이 가시고 그 밝음에 익숙하게 되는 상태를 명순응이라고 한다. 명암순응은 실생활에서도 여러 분야에 응용되는데, 만약 고속도로에 조명등을 설치할 때 명암의 순응을 고려하지 않으면 큰 사고의 원인이 될 수 있다. 예컨대 터널에서 밝은 곳에서 어두운 곳으로 차가 진입하는 입구나 밝은 데로 나올 출구 근처는 터널의 중간 안쪽의 조명보다 더 밝게 설계되어야 한다. 즉, 암순응의 시간차를 고려할 필요가 있기 때문이다.

#### ㉡ 색순응

색이 보이는 양상은 상당히 복잡하여 태양 아래에서는 흰색 옷과 옅은 노란색 옷이 뚜렷하게 구별되지만 전등불 아래에서는 똑같이 흰색으로 보여 구별하기 어려운 경우가 있다. 예를 들면, 사진 암실의 빨간색 안전조명 아래에서는 흰색, 노랑, 빨강이 잘 구별되지 않고 빨간 잉크는 무색의 물처럼 보인다. 하지만 색안경을 쓰고 어떤 색의 물체를 보아도 원래의 색을 느낄 수 있는 현상이 색순응인데, 이러한 현상은 일정한 장소에 설치된 주조명의 광원색에 눈이 익게 되면 그것과 똑같은 스펙트럼 특성을 지니는 색을 무채색으로 느끼게 되기 때문에 일어난다. 눈은 항상 그 장소의 조명에 맞는 색수정 필터를 쓰는 것과 같은 색순응을 해서 우리의 생활을 편리하게 해준다. 그러나 형광등이나 수은등에는 스펙트럼 특성이 매우 복잡하기 때문에 눈의 색순응이 그 복잡성을 따라가지 못한다. 그 결과 흰색 형광등 빛 아래에서 연분홍색이 거무칙칙하게 보이는 것과 같은 문제가 생긴다. 이러한 문제를 극복하고자 모든 스펙트럼을 고르게 방출하는 자연광에 가까운 전등이 계속 개발되고 있다.

#### ㉢ 항상성

주위가 밝거나 어두운 것에 상관없이 물체색이 지닌 본래의 밝기가 일정하게 유지되는 것이 밝기의 항상성이다. 예를 들어, 밝은 태양 밑에 있는 검은 물체는 어두운 실내에 있는 흰색 물체보다도 빛을 많이 반사하는 데도 불구하고 검은 물체는 검게 보이고, 흰색 물체는 희게 보인다. 밝기의 항상성은 밝은 물체 쪽이 강하고 어두운 물체 쪽이 약하다. 그 밖에 서로 다른 거리에 놓여 있는 같은 크기의 물체를 동일한 크기로 느끼는 크기의 항상성이나, 쟁반이 기울어져도 타원형으로 보지 않고 원형으로 느끼는 형의 항상성도 있다.

### ❹ 물체와 빛

우리의 눈을 통해 보여 지는 모든 것들은 색과 형태를 가지고 있다. 흔히, 사과는 빨간색이고, 바나나는 노란색으로 고유의 색을 가지고 있다고 생각하지만, 빨간색과 노란색은 사과와 바나나가 가진 고유의 색이 아니다. 우리 눈에 보여 지는 색은 물체와 빛이 가지고 있는 특성으로 인해 생겨나는 결과이다. 물체에

빛을 쏘이면 반사, 투과, 흡수라는 현상이 일어난다. 색을 감지할 수 있다는 것은 투과와 반사에 의하여 자극을 준다는 것이다. 즉, 그 반사율 또는 투과율의 정도에 따라서 색이 다르게 보이게 된다.

| 반사광 | 물체 표면에서 반사된 빛 |
|---|---|
| 투과광 | 물체 표면을 투과한 빛 |
| 흡수광 | 물체 안으로 흡수되는 빛 |

이와 같이 투과와 반사의 현상에 의해 물체색을 이루고, 물체 표면으로부터 반사광을 통하여 시각적으로 감지되는 색이 표면색이다. 여기에서 표면색에 나타나는 색은 분광반사율에 의하여 정해진다. 이외에도 물 또는 유리처럼 투명한 물체를 빛이 투과할 때에 나타나는 색을 투과색이라 한다.

### ㉠ 물체색

물체색은 표면색과 투과색으로 분류할 수 있다. 다양한 파장의 빛이 불투명한 물체의 표면을 통해 비춰지면서 반사, 또는 흡수되어 나타나는 색이 표면색이다. 그렇다면 투과색은 무엇인가? 빛이 여러 가지 색으로 만들어진 투명한 유리에 비춰지면서 나타나는 색을 투과색이라 한다.

파란색이나 보라색은 본래 물체가 지닌 색은 아니다. 그런데 왜 바다를 연상하면 파란색이고 장미를 떠올리면 붉은색일까? 그것은 다름 아닌 색을 통한 관습화가 내재되어 있기 때문이다. 특정한 물체를 보며 우리는 공통적으로 색상을 인식한다. 그리고 그것을 하나의 약속으로 정하게 될 때 색상의 이름은 관습화되기 때문에 바다는 파랗고, 철쭉을 자주색으로 인식하는 것이다. 이것은 사람들 간의 색 기호이고, 파란색, 자주색으로 보인다는 약속을 하고 공통성을 기호화한 것이다.

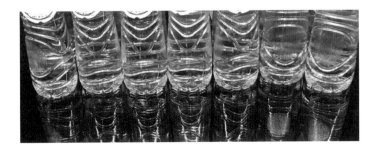

투명한 물체의 빛깔은 투과되는 빛의 빛깔에 의존한다. 갈색 맥주병이나 오렌지 주스 병의 색은 그 물질이 어떤 파장의 빛깔만을 잘 투과하기 때문에 특정한 색으로 보이는 것이다. 일반적인 창유리는 모든 가시광선이 똑같이 잘 통과하므로 빛깔이 없는 것처럼 느껴진다. 한편 색유리나 색 셀로판지와 같이 투명하되 색깔이 있는 물체의 경우는, 색유리나 색 셀로판지의 빛깔에 따라 빨강이면 빨간빛의 파장 범위만 투과하고 다른 파장은 흡수한다. 빛이 투과될 때의 파장별 투과율을 분광투과율이라 한다.

### ⓛ 빛의 간섭과 물체색

간섭이란 파동이 변화되는 특유한 현상의 하나이다.

비눗방울이나 젖은 길 위에 떨어진 기름 위에 빛을 비추면 여러 빛깔의 멋있는 무지개빛 스펙트럼이 반짝이는 모습을 볼 수 있다. 또한 새의 깃털에 빛이 반사되면 아름다운 빛깔이 나타나는데, 새가 움직이면 깃털의 빛깔이 변하면서 더욱 영롱해진다. 이렇게 두 개 이상의 빛이 동시에 우리 눈에 도달했을 때 보이는 미묘한 빛깔들은 빛의 진동이 중첩되어 서로 간섭하는 원리에 의해서 생긴 것이다.

### ❺ 빛의 작용

#### ㉠ 빛의 굴절

| 입사각 | 빛이 매질에 들어오기 전의 각도 |
|---|---|
| 굴절각 | 매질에 들어온 후의 각도 |

#### ⓛ 빛의 산란

경계면에 의해 빛이 굴절하여 빛의 진행방향이 바뀌기도 하지만, 경계면이 없이도 빛의 진행방향이 바뀌기도 한다. 그것은 빛이 불연속적인 요소로 구성되어 있기 때문이다. 빛은 그 일부가 조금씩 방향을 바꾸어 사방으로 흩어지게 되고 이러한 현상을 빛의 산란이라고 한다.

#### ㉢ 빛의 회절

빛은 보통 직진하지만, 물체 근처를 지나갈 때 진행방향이 구부러지기도 한다. 이러한 빛의 파동에 의해 휘어지는 성질을 회절이라 한다.

### ㉣ 빛의 간섭

두 개 이상의 빛이 중복되어 서로 보강되거나 상쇄되는 것을 빛의 간섭현상이라고 한다. 여러 개의 빛의 파동이 겹쳐지면 강한 색의 빛이 생기고, 반대로 어긋나면 서로 상쇄되기 때문에 색이 보이지 않는다. 비눗방울을 보면 빛이 지나가는 거리 차에 따라 간섭이 생겨, 표면이 무지개 색으로 보인다.

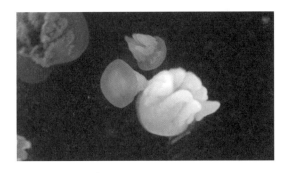

## ❻ 자연현상에서 발견되는 빛의 현상

### ㉠ 무지개

무지개는 굴절에 의한 빛의 현상이다. 즉, 대기권 속의 작은 물방울에 빛이 들어가게 되면 물방울 표면 위로 빛이 입사하여 반사 또는 굴절됨으로써 무지개가 생기는 것이다.

### ㉡ 파란하늘

자외선은 태양을 통하여 발산되고 대부분의 자외선은 대기 상층부의 오존층에서 흡수되며, 흡수되지 않은 자외선은 대기 중에 떠 있는 분자 또는 입자들로 인하여 산란된다.

가시광선 중에서는 파랑이 가장 잘 산란되며 다음이 초록, 노랑, 주황, 빨강의 순서이다. 빨간빛은 자외선의 10% 정도만 산란된다. 같은 하늘의 공간이라도 우주공간인가, 지구공간인가에 따라 하늘의 색이 달리 보인다.

대기가 존재하지 않는 우주에서 하늘색은 검다. 이는 빛의 산란과 관련이 깊은데, 우주공간에서는 공기가 없으므로 빛의 산란이 불가한 이유이다.

즉, 자외선은 우리의 가시영역권 밖에 존재하기 때문에 볼 수 없으므로 파란 하늘을 볼 수 있는 까닭은 상대적으로 자외선의 양보다는 적지만 우리의 눈은 파란색을 더 많이 볼 수 있기 때문이다. 따라서 빛의 산란으로 인하여 우리는 하늘의 파란색을 시각적으로 감지할 수 있는 것이다.

ⓒ 붉은 저녁놀

빨간색은 흡수율이 가장 적고 다른 색보다
는 대기 통과율이 더 높기 때문에 두꺼운
대기층을 백색광이 통과하는 경우에는 단
파장에 해당하는 빛은 산란율이 높고, 장
파장에 해당하는 빛은 산란율이 적게 되는
것이다. 태양빛이 가장 두꺼운 대기층을
통과해야 할 때는 일몰 때이고, 가장 얇은
대기층을 통과할 때는 정오이다. 우리가
정오의 태양빛을 보면 파장이 상대적으로
짧고 적은 양의 빛을 산란하기 때문에 노랗
게 보임을 알 수 있다.

### ㉣ 흰 구름

다양한 크기의 입자로 형성된 물 분자가 모이면서 생성된 구름은 진동수의 산란도 다양하다. 그중에서 크기가 가장 작은 입자는 파란색으로 산란하고, 중간 크기의 입자는 녹색, 그보다 큰 크기의 입자는 빨간색을 산란한다.

이러한 입자들은 모두 합쳐져서 결국에는 구름이 흰색으로 보이는 원인이 되는데, 이는 가산혼합으로 인한 빛의 원리가 적용되기 때문이다. 특히 흐린 날보다 맑고 청명한 날에 흰색 구름을 잘

볼 수 있는 이유도 수증기의 물 입자들 속에서 빛이 계속적으로 반복하여 산란하여 반사율이 100%에 도달할 수 있기 때문이다.

### ㉤ 푸른 물

물 본래의 빛깔은 어떤 색일까? 정확히 말하자면 물은 녹색빛이 살짝 도는 푸른색이라 할 수 있다. 거의 모든 색을 투과시키는 물은 유일하게 적외선은 모두 흡수하는데, 그 이유는 물 분자가 적외선의 진동수에 공명하는 현상이 나타나기 때문이다.

그뿐 아니라 빨간색의 빛을 내는 진동수의 물 분자와 적은 양의 공명 현상 때문에 결국에는 빨간빛 또한 물에 소량 흡수된다.

백색광에서의 빨간빛이 제거된 후에는 어떠한 빛깔이 남게 되는가? 우리는 빨간색의 보색이 무엇인가를 알고 있다면 쉽게 답을 찾을 수 있다. 빨간빛이 제거되면 보색이 남기 때문인데, 빨간빛의 보색이 청록색이므로 청록이 감도는 푸른빛의 녹색으로 보여 진다. 즉, 물은 물 분자들의 공명으로 인한 빨강의 흡수로 인하여 푸른빛의 녹색으로 보여 지는 것이다.

# 색의 요소 및 분류

색의 기본 요소를 이루는 색상, 명도, 채도의 기본적인 개념과 색의 분류 및 혼합에 대해 알아봅니다.

색의 기본 요소는 색상, 명도, 그리고 채도로서 물리적인 빛의 요소에 의하여 각기 특성이 다르게 결정된다. 색상은 빛의 파장에 영향을 주고, 명도는 빛의 강약으로 인하여 결정되며, 채도는 순도의 영향을 받아 결정되는 것이다.

## 1) 색상

스펙트럼에 투사된 빛의 파장에 따라 분류된 빨강, 주황, 노랑, 초록, 파랑, 남색, 보라의 무지개색 이외에도 파장의 미묘한 변화에 의하여 무수히 많은 색들이 생성된다. 색상은 시감감에 의하여 식별되는 색 구별 시 필요한 색채의 통칭어로서 빨강, 주황, 노랑, 연두, 녹색, 청록, 파랑, 남색, 보라, 자주의 순서로 배열된다. 이러한 반복과 순환의 특성을 내재하고 있는 색변화를 색상환이라 칭한다.

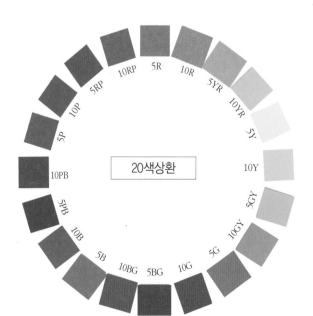

- 색상환은 색채를 체계화시키기 위한 가장 일반적인 방법이다.
- 색상환은 둥근 원주 형태이며, 그 위에는 각기 다른 파장의 색상들이 순서대로 배열 되는데, 뉴턴과 먼셀의 이론에 근거를 둔 색상과 색료의 색상환이 가장 대표적이다.
- 하나의 색상환으로 파장의 색을 배열

### ❶ 원색

기본색상을 뜻하며, 다른 어떤 색으로도 만들 수 없는 색을 칭한다. 색료의 3원색으로는 마젠타(Magenta), 옐로우(Yellow), 사이안(Cyan)을 뜻하며, 이러한 3원색들은 다양한 비율의 혼합을 통하여 수많은 색상이 나타난다. 이에 비하여 색광에서의 3원색은 빨강, 녹색, 파랑으로서, 색광의 3원색 또한 만들 수 없으나 색광들을 혼합하면 수많은 색광이 나타날 수 있다.

### ❷ 보색

보색이란 가산혼합의 경우에는 3원색의 색광 중에서 빨강과 녹색의 혼합색인 노랑, 그리고 파랑을 서로 혼합하면 백색광이 되듯이 혼색의 결과가 백색광이 되는 색들의 관계를 보색관계로 본다. 반대로 감산혼합일 때에는 혼색 시에 검정에 가깝게 보이는 경우의 두 색료를 보색이라 한다.

예술작품에 나타난 보색은 고흐의 작품을 통하여 알 수 있다.

### ❸ 색상환

뉴턴과 먼셀의 이론에 근거를 두어 색채를 정립하고 체계화시켜 원주의 형태로 배열해 놓은 색상환은 색채의 체계화를 위한 가장 보편적인 방법이다. 이러한 색상환을 통하여 각기 서로 인접되어 있는 유사색상 간의 배색은 균형적이고 안정된 효과를 줌을 알 수 있다.

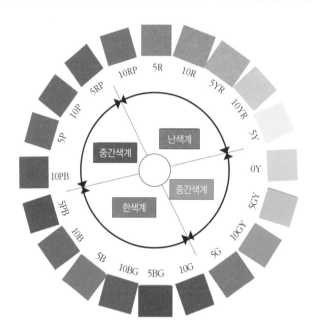

## 2) 명도

명도란 색의 밝고 어두움에 대한 정도를 말하고 색의 3속성 중에서 가장 예민하게 반응한다. 또한 유채색뿐만이 아니라 무채색 또한 명도를 지니고 있다. 명도의 단계는 11단계로 구분되어 흰색과 검정 사이는 각각의 명도 변화가 균등하며, 이것은 모든 색상들이 명도의 차이를 구분할 때에 기준으로 둔다.

예컨대, 같은 회색 종이라도 흰 종이 위에서보다 검은 종이 위에 놓았을 때가 더욱 밝아 보인다. 이러한 현상을 명도대비라 하며, 교통표지판 등과 같이 명도를 요구하는 것에는 이 현상을 이용하여 배색해야 한다.[2] 가장 밝은 명도단계를 고명도라 칭하고 중간을 중명도라 한다. 그리고 가장 어두운 검정에 가까운 명도단계를 저명도로 분류한다.

---

2) http://www.kcri.or.kr, 한국색채연구소 색채관련 자료실

## 3) 채도

채도는 색의 선명도를 일컫는 용어로써 순도와 동일한 의미를 내포한다. 색채의 맑고 탁함, 강약의 정도를 뜻하는 채도는 색상환의 기본색들 중 동일색상 내에서 채도가 가장 높은 순색들이 이에 속한다.

사용하는 순색의 색상에 흰색의 혼합량이 많아지면 본래의 색보다 밝아지지만 채도는 낮아지고, 검정을 혼합하면 기존의 색에 비하여 어두워진다. 이처럼 무채색을 혼합하여 원래의 색과 대조하여 밝아지거나 어두워진 것을 각각 명청색, 암청색이라 칭한다. 여기에 세 가지 이상의 색을 혼합하면 색감이 탁해져 저채도인 탁색으로 보인다.

색의 분류

## 1) 무채색

무채색의 특성은 스펙트럼을 통한 물리적인 측면으로 접근하여 해석할 수 있다. 각 색의 반사율을 관찰하여 보면 거의 평행선에 가까움을 알 수 있다. 여기에서 반사율의 정도에 따라 명도가 달라진다. 즉, 반사율이 대략 85%일 때에는 흰색, 약 30% 정도에는 회색이고, 약 3% 정도일 때에는 검정으로

보여 진다. 이와 반사를 많이 하면 할수록 밝은 색으로 느끼게
된다. 그러므로 흰색에서부터 검정색 사이의 무채색 단계는
명암 차이를 통하여 순차적으로 단계를 구분하여 배열한다.

한편 무채색은 온도감에서 따뜻하지도, 차지도 않은 중성색
인 것도 특징이다.

## 2) 유채색

유채색의 종류는 750만 종이나 되는데, 우리의 시각으로 감지할 수 있는 색은 300여 종에 불과하
다. 또한 실생활에 직접적으로 사용하는 색은 50여 종 정도로서, 흰색에서 검정 사이의 무채색을 제
외한 색을 모두 유채색이라 한다.

| 기본색이름 | | 약호 |
|---|---|---|
| 빨강(적) | red | R |
| 주황 | orange | O |
| 노랑(황) | yellow | Y |
| 연두 | yellow green | YG |
| 초록(녹) | green | G |
| 청록 | blue green | BG |
| 파랑(청) | blue | B |
| 남색(남) | bluish violet | bV |
| 보라 | bluish purple | bP |
| 자주(자) | reddish purple | rP |
| 분홍 | pink | Pk |
| 갈색(갈) | brown | Br |

3 **색의 혼합**

색 혼합은 가산혼합과 감산혼합으로 구분된다. 가산혼합은 빛
을 섞음으로써 스펙트럼 상에서의 상이한 각도에 자리한 빛을
혼합하는 것인데, 혼색을 할수록 고명도가 된다. 또한 감산혼합
은 색료를 섞어 혼합하는 것으로써 저명도이므로 하나의 광원
에 영향을 미친다.

| 가산혼합 | 감산혼합 |
|---|---|
| 빛을 섞음 | 색료를 섞음 |
| 스펙트럼 상에서 서로 다른 각도에 위치한 빛을 혼합함 | 물감이나 안료를 팔레트나 도화지 위에서 섞거나 두 가지 이상의 색 필터를 겹쳐서 혼합하는 것 |
| 섞을수록 명도가 높아짐 | 섞을수록 명도가 낮아짐 |
| 광원으로부터 분리해낸 빛깔의 조합임 | 단 하나의 광원과 관계가 있음 |

## 1) 가산혼합

가산혼합은 영국의 물리학자 T.영이 제창하였으며 헬름홀츠를 통해 입증되었다. 빛의 혼합을 통하여 혼합색의 결과가 본래 색에 비하여 명도가 높아지는 현상으로서, 기본색인 빨강, 녹색, 파랑의 3원색 혼합율의 조절에 따라 다양한 색광을 추출할 수 있다.

빨강의 색광과 녹색의 색광을 혼합하여 비춰보면 기존의 두 색광에 비교하여 명도가 높은 노랑의 색광으로 보인다. 명도가 높아지는 원인은 빛이 혼합

되는 과정에서 시각적으로 투사되는 빛의 양이 증가하기 때문이다.

그리고 녹색의 색광과 파랑의 색광을 혼합하면 본래의 색광보다 높은 명도로서 사이안 색광의 빛이 추출되며, 파랑의 색광과 빨강의 색광을 혼합한 후의 결과는 기본의 색광보다 명도가 높은 마젠타의 색광으로 보인다. 이렇게 추출된 색광인 노랑, 파랑, 마젠타는 기존의 색보다는 높은 명도의 2차색이 되며, 이 세 가지의 색을 모두 혼합하면 흰색으로 나타난다. 2차색들, 즉 색광의 혼합물은 색료혼합의 3원색으로 존재한다.

## 2) 감산혼합

감산혼합은 색 필터를 겹쳐 혼합하는 방법으로서, 감법혼색이라고도 하며 혼합한 후에는 본래의 색보다도 명도가 낮아지게 된다. 저명도가 되는 원인은 물감 또는 색필터가 백색의 광선에 투과되면서 스펙트럼의 일부가 흡수되기 때문이다. 구체적으로 설명하자면 노랑과 마젠타는 서로 겹쳐지면서 본래의 노랑, 마젠타보다도 명도가 낮은 색으로 보인다.

즉, 양쪽의 색필터를 모두 통과해야만 투명하게 보이고, 파장이 어느 한쪽의 색이라도 통과하지 못한다면 불투명하게 나타나기 때문이다. 또한 파란색의 물감은 백색광으로부터 주황 또는 노랑, 빨강과 같은 장파장은 흡수하고, 파랑과 자주, 녹색의 색필터만이 스펙트럼으로부터 눈을 통과한다. 반면에 노란색의 물감은 파랑과 자주, 즉 단파장을 흡수하므로 노랑과 파랑을 혼합하였을 시에 그 어떠한 색으로도 흡수되지 않는 색이 녹색이기에 우리는 녹색을 볼 수 있는 것이다.

## 3) 중간혼합

### ❶ 회전혼합

### ❷ 병치혼합

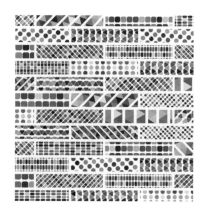
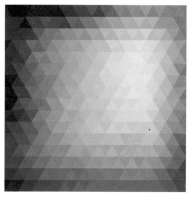

# 색채지각

색채는 시각적 대상에 심미성을 극대화시키는 효과를 줍니다. 이는 색채가 그 자체에 무수히 많은 의미를 내포하고 있는데다 색채의 시각화 과정을 통해 추상적이며 복합적인 특성도 지니고 있기 때문입니다.

01 눈과 색채

| ① 반사된 빛이 눈으로 전달 | 물체에 부딪쳐 반사된 빛을 사람의 눈이 받아들이는 물리적인 과정 |
| ② 자극을 뇌로 전달 | 사람의 눈에서 뇌로 빛의 자극이 전달되어 색을 느낌 |
| ③ 색, 형태 인식, 색의 이미지와 감정이 생김 | 외부에서 받는 시각정보에 따라서 뇌는 색, 형태 등을 인식 |
| ④ 정보의 판단 | 시각정보는 사람의 뇌에 저장되어 있는 정보와 합쳐져 의미의 이해나 자신과 관계가 있는 정보인가 아닌가를 판단 |

## 1) 시각의 3요소

색을 감지하기 위해서는 물체와 빛 그리고 눈, 이렇게 세 요소를 형성하고 있어야 한다.

### ❶ 빛

### ❷ 물체

앞서 언급한 바와 같이 물리적 현상으로 접근한 색은 물체와 광원, 그리고 관찰자가 있어야 색이 감지된다. 파란색의 물체를 보자. 이것은 백색광에 포함되는 다양한 색광 중에서 파란색의 빛만을 반사하고, 그 외의 빛은 흡수하는 특성이 있다. 음료수병의 파란색은 파

란색만이 투과되어 우리의 눈에 파란색만이 보이는 것이다. 이처럼, 다양한 파장의 빛을 반사하고 투과하며 흡수하는 등의 작용을 통해 합성됨으로써 우리의 눈으로 감지할 수 있게 되는 것이다.

### ❸ 눈

눈은 사물의 형태나 크기, 그리고 색을 지각할 수 있도록 외부의 반사된 빛을 뇌를 통해 시각(視覺, light sense)으로 전달하는 감각기관으로서, 빛의 강약 또는 파장을 감지할 수 있는 기능을 한다.

## 2) 눈의 구조

눈은 안구와 시신경으로 구성되어 있다. 눈의 바깥층에는 공막과 각막으로 형성되어 있는데, 빛은 각막을 통하여 눈에 들어와 볼 수 있게 된다. 눈 전체로부터 받아들인 빛 중에서 약 70%를 굴절시키고 초점을 만드는 것이 공막이다. 또한 수정체에서는 나머지 30% 정도의 빛이 통과되어 눈의 뒷부분에 상이 맺히며, 홍채는 동공의 크기를 조절하는 근육이 존재해 있으므로 안구를 통해 들어오는 빛의 양을 조절하는 기능을 한다.

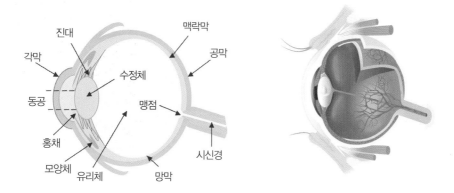

## 3) 색의 지각현상

### ❶ 푸르키네 현상

노을이 지고 사물이 온통 청색과 흑색으로 보이는 황혼일 때, 화사하게 보이던 빨간 꽃이 어둡게 보인다. 반면 옅은 청색이나 녹색의 물체들은 밝게 보인다. 이 현상을 발견자의 이름을 붙여 푸르키네 현상(purkinje phenomenon)이라고 한다.

## ❷ 색음현상

그림자를 관찰해 보면 회색의 음영만으로 보이는 것은 아니다. 나뭇가지나, 돌 밑의 그림자를 자세히 보면 푸른색 빛이 도는 회색임을 알 수 있다. 색에 대한 그림자의 예를 괴테(독일, Johann Wolfgang von Goethe, 1749~1832)도 관찰하였다.

"저녁때, 불타고 있는 양초를 흰 종이 위에 놓고, 석양의 방향 사이에 1개의 연필을 세운다. 그러면 석양에 비친 흰 종이 위에 생기는 양초에 의한 그림자는 아름다운 청색으로 보인다."-(괴테의 색채론)

이것은 양초 등의 빨간빛에 의한 그림자가 보색의 청록으로 보이는 현상으로, 색음현상(色陰現狀)이라고 한다. 이 현상은 어떤 색광에서 물체색을 비추었을 때, 그 물체의 그림자 부분이 색광의 보색에 가깝게 보이는 데서 불리게 되었다.

## ❸ 베졸드·브뤼케 현상

명소시 상태에서 빛의 강도를 바꾸면 색상도 변화해 보이는 것을 말한다. 오렌지색의 빛을 강하게 받으면 황색만 보이게 된다. 이와 같이, 같은 주파장의 색광이라도 그 강도를 변화시키면 색상은 약간 달라져 보인다. 이 현상이 베졸드·브뤼케 현상(bezold-brucke phenomenon)이다.

### ❹ 아브니효과

예를 들면, 황색 부근의 색이 그 순도가 올라
가면 황색에 가깝게 보인다. 이와 같이 파장
이 같아도 빛의 순도가 변하면 채도도 바뀌는
데, 그때 색상도 변화하는 것을 아브니효과
(abney effect)라고 한다.

## 4) 색각현상

### ❶ 색맹

색각은 각각의 색광에 민감한 원추체가 강하
게 흥분하여 일어나는 현상이다.

정상인이 식별할 수 있는 모든 색은 3원색
의 빛을 혼합하여 얻는다. 부분색맹인 사람
은 두 가지 색의 혼합으로 이루어지는 색만
을 감지하는 한계를 지니고 있다. 게다가 전
색맹은 색의 식별 능력이 전혀 없는 색각의
이상 상태를 말하며, 대부분 선천적인 원인
에 의해 발생하지만 매우 드물다. 후천적으

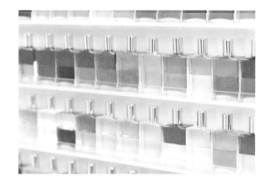

로 망막이나 시신경에 이상이 있을 경우에도 간혹 전색맹이 나타날 수 있다.

이상 색채의 지각으로 인해 색채에 대한 식별 자체가 불가능한 경우가 있는데, 이는 매우 드문
경우로써 전색맹이 해당된다. 이때의 전색맹은 추상체 내에서 요구하는 수용물질이 부족할 때,
또는 개별적 추상체 내에 존재하는 물질 세 종류가 분리영역을 형성하지 못하고 혼재된 현상이
발생한 경우에 발현된다.

위의 그림과 같이 부분색맹 가운데는 적록색맹이 가장 많다. 적록색각 이상자는 한국의 경우 여
자가 남자의 10% 정도 밖에 되지 않을 만큼 남자들에게 주로 유전된다. 대부분의 색맹 환자들은
선천적으로 결함을 지니고 태어났으므로, 생활 속에서의 불편함을 인식하지 못한 채 자기 나름
대로 녹색 또는 빨간색을 인식하고 있기 때문에 일상생활에는 별지장이 없다. 그렇지만 직업을
선택할 때 여러 가지 미묘한 색을 분멸해야 하는 디자이너나 화가라든지 과학자나 의사 등과 같
은 직업에는 부적당하다. 현재 선천성 색각이상을 치유하기 위해 약물요법이라든지 필터나 콘택
트렌즈의 사용과 각종 보정 연습 등 다양한 방법이 있지만 어느 것이나 아직 완치가 보장된 치유
법은 없다.

## ❷ 색약

색약이란 색맹의 정도가 약한 상태로써 색조는 느끼지만 그 감지능력이 둔하여 비슷한 색조의 구별은 곤란하다. 적색약, 적록색약, 청황색약으로 대별되는데, 보통 빈도가 많은 것은 빨강과 녹색에 대하여 감수성이 약한 적록색약이며, 적록색맹과 함께 적록이상이라고 한다. 적록색약을 세분하면 빨간색약과 녹색약으로 나눈다. 회갈색이나 노랑이 빨강 곁에 있으면 녹색으로 보이고, 녹색 곁에서는 빨강으로 보이는 것이 적록색약의 특징이다. 색약 또한 색맹처럼 유전되며, 의학적으로 치유가 불가능하다.

## ❸ 착시 및 착시의 이유와 시각 법칙

| 근접의 법칙 | 거리상 서로 가까이 있는 요소끼리는 합쳐서 보임 |
|---|---|
| 유사의 법칙 | 비슷한 특성을 지닌 요소끼리는 덩어리져 보임 |
| 폐쇄의 법칙 | 윤곽선의 시작에서 끝나는 부분이 맞닿지 않아 완전하지 않아도 일정한 형태로 지각되며, 하나의 도형을 이룸 |

CHAPTER

# 05

# 색채심리

색채심리의 시각현상과 배색의 심리를 이해하고, 표색과 이미지스케일의 의미, 그리고 색채감정과 심리, 배색을 통한 색채효과를 알아보도록 합니다.

색의 대비란 망막의 생리적 현상에 기인하므로, 본래의 색보다 배경색이나 인접색의 영향을 받아 다르게 지각되는 시각현상을 말한다. 색의 대비는 명도, 채도, 색상의 차이에 의해 분류되어지는데, 각각 명도 대비, 채도 대비, 색상 대비로 나눈다. 이외에도 동시 대비와 계시 대비가 있다.

## 1) 계시 대비

시간차를 두고 각각 다른 색을 연속하여 번갈아 보았을 때에 원래의 색과는 다르게 보이는 현상을 말한다. 한 색을 보고 다른 색을 보면 이전의 색이 잔상으로 남는다.

## 2) 동시 대비

시간과 관계없이 동시에 색을 보았을 경우에 달라져 보인다. 이때 에는 주위의 색에 따라 색이 달리 보인다.

① 색상 대비 : 각기 다른 색상의 색이 조합되는 과정에서 대조 관 계를 이루어 색상차를 크게 이루는 현상을 말한다.

② 명도 대비 : 두 색의 명도가 서로 대조되는 관계에서는 두 색 간의 명도차가 본래보다 더 크게 보 이는 현상을 말한다.

③ 채도 대비 : 두 색이 채도가 대비를 이루면 가각의 원래 채도보다도 더 그게 보인다.

④ 보색 대비 : 두 색이 보색의 관계로 성립되면 서로 영
향을 주어 본래의 색보다 더욱 선명하게 보인다.

## 3) 연변 대비

두 색이 서로 밀착되어 있을 경우에 경계 부분의 색상 또는 명도와 채도가 더 대비를 이루어 강하게
보이는 현상을 말한다.

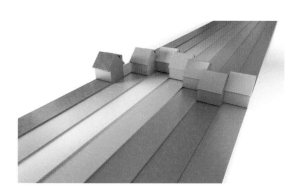

## 4) 면적 대비

① 면적의 크기에 따라 색이 본래보다 다르게 보이는 현상을 말한다.

② 색 면적이 클수록 명도와 채도가 높아지고 면적이 작을수록 낮아진다.

## 5) 한난 대비

① 색의 차갑고 따뜻함에 변화가 오는 대비이다.

② 한난 대비는 원근을 암시하는 요소를 포함하고 있으며 멀리 있을수록 한색을, 가까이 있는 물체 는 난색을 많이 사용한다.

## 6) 색의 동화

① 인접해 있는 색과 주변에 있는 색은 서로 비슷한 색으로 보인다.

② 색의 동화는 회화나 직물 디자인을 배색할 때에 필수적인 요소로서 동시성에 의하여 나타난다.

③ 배경색의 면적이 작거나, 줄무늬가 작게 있을 때 또는 주변에 유사한 색이 있을 때 주로 나타난다.

④ 대비 현상은 음성적 잔상과 관련되는데 비해, 동화 현상은 눈의 양성적 또는 긍정적 잔상과 관련된다.

⑤ 동화효과는 색의 전파효과라고도 하며, 혼색효과이다. (줄눈과 같이 가늘게 형성되었을 때 뚜렷이 나타나므로 줄눈효과라고도 하며, 와이셔츠의 가는 줄무늬는 근접하여 보면 대비효과를 일으키거나 떨어져서 보면 동화효과로 바뀐다.)

⑥ 후기 인상주의 화가 중 점묘화 화가인 조르주 피에르 쇠라(Georges Pierre Seurat, 1859~1891)의 '그랑드 자트 섬의 일요일 오후' 작품은 동화효과를 이용한 것이다.

## 7) 보색

두 가지 색광을 어떤 비율로 혼색하여 백색광이 될 때, 이 두 색광은 서로 상대 색에 대한 보색이 된다. 보색은 색료의 혼합에서는 무채색이 된다. 색상환에서 가장 먼 거리에 있는 색은 서로 보색 관계로, 모든 2차색은 그 색에 포함되지 않는 원색과 보색 관계에 있다.

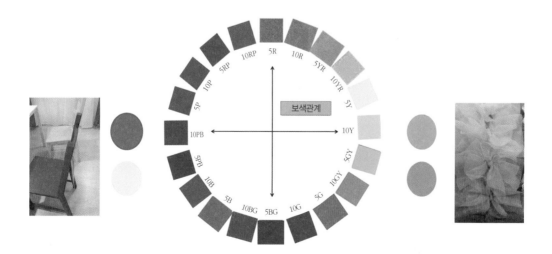

## 8) 온도감, 중량감, 경연감

색채의 감정은 환경과 개성 등의 개인차에 따라 상이하게 인식된다. 이는 색이라는 것이 시각을 통한 지각임과 동시에 감각을 통한 감정이 내재되어 있는 심리적인 현상이기 때문이다.

### ❶ 온도감

장파장에 해당하는 붉은 계통은 따뜻함을 느끼는 난색으로서 대표적으로 불을 연상한다. 반면에 단파장에 해당하는 푸른 계통의 색은 한색으로서 물을 연상할 수 있다. 색을 통해 인지되는 온도감은 명도가 높을수록 차갑게 느껴지고, 낮을수록 따뜻하게 느껴진다.

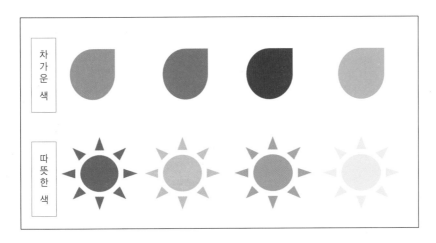

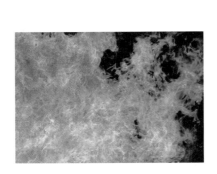

### ❷ 중량감

- 색을 통하여 가볍거나 무겁게 감각되는 현상이며, 고명도는 가볍고, 저명도는 무겁게 느껴진다.
- 무게를 느낄 수 있는 현상을 중량감이라 하고 가장 큰 영향을 받는 요소는 색의 3속성 중에서 명도이다. 난색 계통은 무게가 가볍게 느껴지고, 한색 계통은 무겁게 느껴진다.

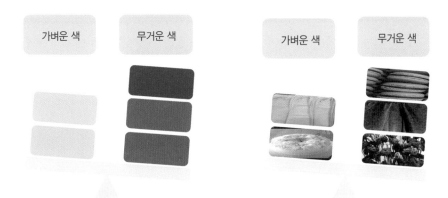

| 가벼운 색 | 무거운 색 | | 가벼운 색 | 무거운 색 |

### ❸ 경연감

- 색의 부드럽거나 딱딱한 정도를 경연감이라 하고, 명도와 채도의 영향을 받는다.
- 저명도, 저채도인 한색 계통은 딱딱한 느낌, 저채도, 고명도의 난색 계통은 편안하고 부드러운 이미지를 준다.

| 부드러운 느낌 | 딱딱한 느낌 |

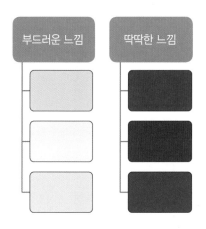

## 9) 기타 색의 감정효과

### ❶ 시간의 장단

시간이 천천히 흐르는 것으로 느껴져서 지루함과 피곤함을 동반하는 색은 붉은색 계통이고, 시간이 빨리 흐르는 것처럼 느껴져서 싫증나지 않고 시원한 느낌을 주는 색은 푸른색 계통이 된다. 이를 응용하여 병원의 대기실에는 푸른색으로 인테리어 컬러 배색을 하고, 커피전문점과 같은 곳에는 붉은색으로 컬러 배치를 하여 시간성의 효과를 연출한다.

### ❷ 계절 감정

| 봄 | 연두, 녹색, 경쾌하고 밝은 장미색, 개나리색 |
| --- | --- |
| 여름 | 청색, 코발트그린, 아이스 블루, 흰색(강렬한 인상을 주는 배색) |
| 가을 | 황토색, 진한 갈색, 올리브색, 포도색 |
| 겨울 | 회색, 검정, 연지, 감색(어두운 색, 따뜻한 계통) |

❸ **색의 감각 기관 :** 감각이란 마음의 작용과 같다. 즉, 어떠한 사물에서 나타나는 변화를 통해 느끼고, 이를 받아들이는 현상이라 할 수 있다. 이러한 감각은 귀와 눈, 그리고 코, 혀, 피부 등을 통해 느끼게 된다.

| | | |
|---|---|---|
| **미각** | 녹색 기미의 황색, 황색 기미의 녹색 | 신맛 |
| | 적색 기미의 주황색, 붉은 기미의 황색 | 단맛 |
| | 핑크색 | 달콤한 맛 |
| | 진한 파란색 | 쓴맛 |
| | 연한 녹색, 회색 | 짠맛 |
| **후각** | 오렌지색 | 톡 쏘는 냄새 |
| | 녹색 | 짙은 냄새 |
| | 연보라 | 은은하고 향기 높은 색 |
| | 코코아색, 포도주색 | 짙은 향 |
| **청각** | 어둡고, 저명도, 중량감이 있는 색은 | 낮은 음 |
| | 밝고 강한 채도는 | 높은 음 |
| | 청록 등은 | 예리한 음 |
| | 둔하고 회색 기미의 색은 | 탁음 |
| | 거칠게 칠해진 색은 | 마찰음 |

| 촉각 | 고명도 | 평활·광택감 |
|---|---|---|
| | 은회색으로 | 강한 채도·경질감<br>딱딱하고 찬 느낌 |
| | 한색 계열의 회색 기미가 있는 색은 | 싸늘하고 딱딱한 느낌 |
| | 진한 회색 기미의 색 | 거친감 |
| | 난색 계통 | 광택이 있는 색 |

④ 흥분과 진정 : 빨강은 흥분을 유발하는 색이고, 녹색은 감정의 이완, 파랑은 진정되는 색이다.

## (1) 진출, 후퇴, 팽창, 수축

### ❶ 진출, 후퇴

동일한 거리에서 보았을 경우에 다른 색보다 거리감이 멀게 느껴지는 색을 후퇴색이라 하고, 반대로 가깝게 느껴지는 색을 진출색이라 한다.

| 진출색 | 따뜻한 색, 고명도 색, 고채도 색, 유채색 |
|---|---|
| 후퇴색 | 차가운 색, 저명도 색, 저채도 색, 무채색 |

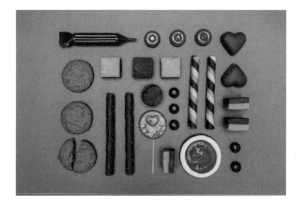

❷ 팽창, 수축

본래의 색보다 색의 면적이 크게 팽창되거나 작게 수축되어 보이는 심리 현상을 말한다.

| 팽창색 | 따뜻한 색, 고명도 색, 고채도 색 |
|---|---|
| 수축색 | 차가운 색, 저명도 색, 저채도 색 |

## (2) 주목성, 시인성

### ❶ 주목성

색의 진출 또는 후퇴, 그리고 팽창과 수축현상은 색의 주목성에 영향을 주고 난색이며, 고채도인 색은 저명도 인 색에 비하여 시안성이 높다. 또한 색의 강약과 면적 의 크기, 위치에 따라 다르게 보인다.

### ❷ 시인성

동일한 거리에 동일한 크기의 색이 존재하고 있을 때 명확하게 보이는 색을 명시도가 높다고 하며, 가시성 · 판독성이라고 한다. 명시도는 배경색과의 관계에 의하여 결정되며, 검정 배경에는 노란색, 청색 배경에는 자색이 명시도가 높다. 명도 · 색상 · 채도차가 클수록 명시도가 높고, 크기에 따라 명시도가 달라지므로 높은 가시성의 효과가 중요한 교통 표지판 또는 옥외광고에서 사용된다.

순간적인 상황에서 보고 파악해야 하는 고속도로의 표지판은 멀리서도 눈에 잘 띄는 명시도가 높은 색으로 배색해야 한다. 이처럼 뚜렷하고 명확하게 보이는 현상을 시인성이라고 한다.

주변 환경의 색이 회색 또는 검정색일 경우에는 노란색을 사용하면 명시도가 가장 높은 효과를 준다. 우리 주변에서 흔히 볼 수 있는 도로와 건물들은 회색이 대부분이기 때문에 어린이와 환경 미화원의 옷과 각종 신호물에 노란색이 많음을 발견할 수 있다.

㉠ 높은 명시도의 예시

## 2  배색의 심리

### 1) 배색의 의미

색은 소통에 있어서도 즉각적으로 전달하는 힘을 지닌다. 이는 색 자체에 내재된 커뮤니케이션의 힘이 있기 때문이다. 이 힘은 색과 색 사이에서 교감하는 과정에서 나오는 심리적인 작용으로부터 나타난다.

조화의 원리는 성향이 상이하거나 유사한 요소들이 대립을 이루면서도 전체적으로 통일을 이루는 효과를 준다. 이를 위하여 색의 조화를 위해 배색 시에 체계적으로 조직화하는 방법이다.

## 2) 배색의 기초

배색은 두 가지 이상의 색이 특정한 목적에 부합된 미적효과를 얻을 수 있도록 조직화하는 방법을 뜻한다. 배색의 질서성은 심리적으로 쾌감을 높여 주나, 무질서 하면 감흥을 줄 수 없다. 이처럼 미적 쾌감을 느낄 수 있는 배색 관계를 조화색이라 하고, 이를 통해 변화와 통일을 이룰 시에 조화로운 색채를 이루었다고 할 수 있다. 색채는 강한 명도, 높은 채도, 그리고 장파장의 색상일수록 주목성이 강하다.

칸딘스키는 황색의 동그라미에 대하여 '관람자에게 가까워 보이는, 중심부로부터 바깥쪽으로 퍼져나가는 운동'을 보여주고 있다고 주장했다. 또한 청색의 동그라미 형태는 '마치 달팽이가 껍질 속으로 기어가듯이 중심부로 파고 들어가는 운동을 보여줌으로써 관람자에게 멀어져 간다.'고 언급하였다.

색채의 선택과 결정은 단독적으로 지각되어 해석되는 것이 아니라 색채 간의 인접 색들의 영향을 받는다. 그러므로 효과적인 배색은 감각이나 기호도만으로는 정해질 수 없으므로 이론을 기반으로 하되 배색의 목적에 맞추어 이를 적용시키도록 해야 한다. 또한 인간에게 색이란 심리적인 측면에 있어서 많은 영향을 미친다. 이러한 색의 다양함은 인간의 정신과 신경을 자극하는 작용을 한다.

배색을 합리적으로 하기 위해서는 각기 다른 기능과 목적에 적합하도록 많은 색을 쓰기도 하고, 또한 색을 제한하여 사용하기도 한다. 또한 용도에 따른 명도, 채도, 색상의 변화를 주어 색을 혼색, 배치해야 한다. 예를 들면, 경고의 표시를 위한 안내판의 색채 배색 시에는 시안성을 높이기 위해 최소한의 절제된 색을 사용하여야만 하는 경우가 이에 해당한다.

배색의 사용을 위해서는 시대의 가치관이 반영되었는가를 살펴보아야 한다. 왜냐하면 배색은 그 시대의 가치관이 반영되어 이미지로 나타나서 각 분야에 적용되기 때문이다. 그렇기 때문에 국제유행색협회에서는 매년 다음 해의 유행색이 무엇인지를 미리 예측하고 발표하게 된다.

## 3 표색과 이미지 스케일

우리가 생활하는 주위 환경 속 색채는 여러 가지의 색들이 조합되어 있다. 따라서 독립된 색이 지니고 있는 의미나 이미지를 단독적으로 연구하는 것보다는 각각의 색 특성에 대하여 비교하고 판단하는 방법이 필요하다. 특히 실질적으로 색을 활용해야 할 때에는 효율적으로 사용할 수 있을 것이며, 이런 의도로 개발된 것이 색채 이미지 스케일이다.

# 1) 색상 & 색조 (Hue & Tone) 120 색체계

I.R.I Hue & Tone 120 System

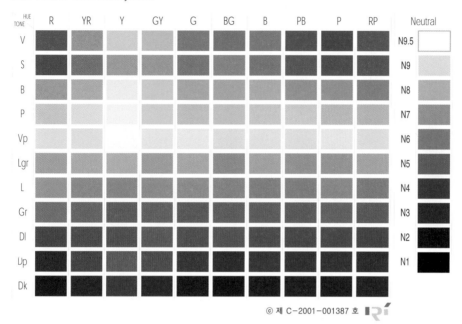

© 제 C-2001-001387 호 IRÍ

색체계 중 가장 대표적으로 사용되는 것은 먼셀에 의하여 체계화된 색상, 명도, 채도에 의한 색체계이다. 그러나 먼셀 체계는 색의 느낌이나 이미지를 나타내는 데에 복잡한 구조를 지니고 있고, 이미지가 연상되는데 쉽지 않다는 어려움이 있다. 따라서 많은 직종에서는 색의 심리를 적용하기 쉽도록 색상 & 색조 체계(Hue & Tone System)를 사용하고 있다.

각각의 색상(Hue)은 밝거나 어둡거나, 선명하거나 그레이시한, 색조의 단계를 가지고 있는데, 색상 & 색조(Hue & Tone) 120 색체계는 10가지 색상의 11단계 색조로 구성된 110유채색과 명도에 따라 10단계로 나눈 10무채색으로 모두 120색을 제시한 것이다.

## ❶ 색체계에 사용되는 약자

| 색상(Hue) | | | | 색조(Tone) | | | |
|----|----|----|----|----|----|----|----|
| R | Red | BG | Blue Green | V | Vivid | L | Light |
| YR | Yellow Red | B | Blue | S | Strong | Gr | Grayish |
| Y | Yellow | PB | Purple Blue | B | Bright | Dl | Dull |
| GY | Green Yellow | P | Purple | P | Pale | Dp | Deep |
| G | Green | RP | Red Purple | VP | Very Pale | Dk | Dark |
| | | | | Lgr | Light Grayish | | |

## ❷ 단색 이미지 스케일

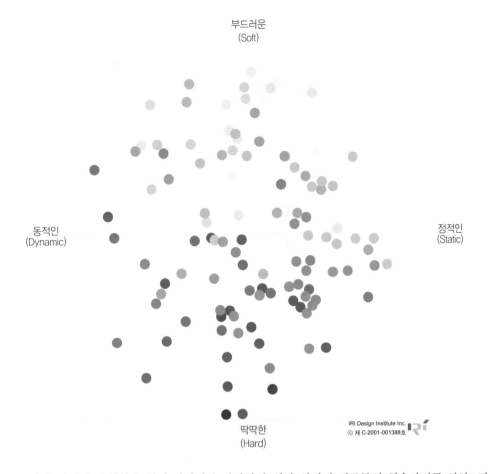

단색 이미지 스케일은 색의 이미지를 판단하기 위한 심리적 기준들의 형용사어를 상하, 좌우에 배치해 놓고 이 공간 안에 색들을 배치해 놓아 한눈에 색 이미지를 파악할 수 있도록 제시한 것을 말한다. 상하는 "부드럽고(Soft)−딱딱한(Hard)", 좌우는 "동적인(Dynamic)−정적인(Static)"으로 배치된 공간에서는 가까운 거리에 위치해 있는 색들은 서로 유사한 이미지를 내포하고 있으며, 공간상에서의 거리가 멀어질수록 색 이미지의 느낌 차이 또한 커짐을 알 수 있다. 이미지 스케일에 배치된 색 분포도를 통해서 알 수 있는 점들 중 하나는 색 이미지에 주는 색조의 영향이 크다는 것이다. 구체적으로 설명하자면, 흐릿하면서 어두운 색조는 딱딱하며 동적인 이미지에 치우쳐 있고, 엷고 흐린 색조는 동적인 보다는 정적인 이미지에 가깝게 배치되어 있다. 따라서, 이미지의 변화는 색상보다는 색조의 영향이 크게 미치는 요인임을 알 수 있다.

## ❸ 배색 이미지 스케일

아래의 표는 연세대학교 인지과학연구소에서 빈도조사와 어의망 분석을 통해 간추린 31개의 형용사들을 나타낸다(지상현, 2007).

| 1. 차분하다 | 2. 세련되다 | 3. 고급스럽다 | 4. 엘레강스하다 |
|---|---|---|---|
| 5. 품위가 있다 | 6. 고전적이다 | 7. 무겁다 | 8. 부드럽다 |
| 9. 온화하다 | 10. 편안하다 | 11. 여유롭다 | 12. 밋밋하다 |
| 13. 자연적이다 | 14. 차갑다 | 15. 냉정하다 | 16. 도시적이다 |
| 17. 신선하다 | 18. 정교하다 | 19. 생기있다 | 20. 발랄하다 |
| 21. 생동감 있다 | 22. 스포티하다 | 23. 활기차다 | 24. 강렬하다 |
| 25. 튀다 | 26. 파격적이다 | 27. 자극적이다 | 28. 신세대적이다 |
| 29. 감각적이다 | 30. 디지털적이다 | 31. 현대적이다 | |

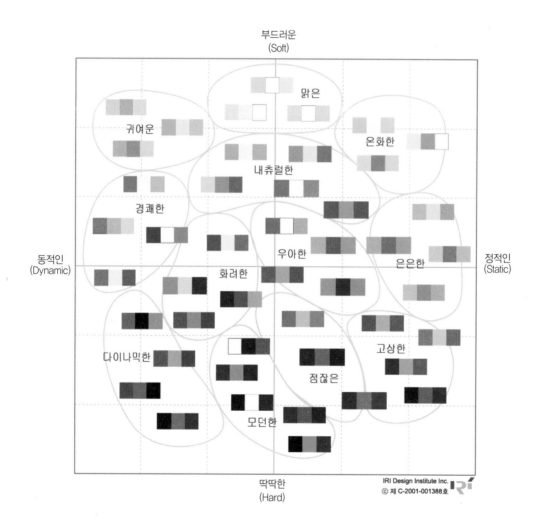

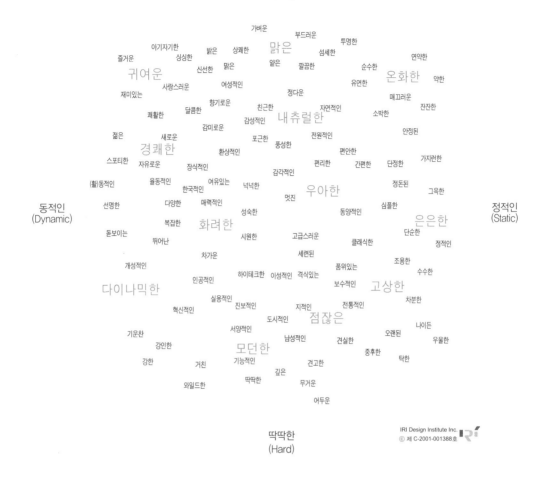

부드러운
(Soft)

가벼운　부드러운　투명한
아기자기한　밝은　상쾌한　맑은　섬세한　연약한
즐거운　싱싱한　얇은　깔끔한　순수한　온화한
귀여운　신선한　맑은　유연한　약한
재미있는　사랑스러운　여성적인　정다운　매끄러운
향기로운　친근한　자연적인　잔잔한
쾌활한　달콤한　감성적인　내츄럴한　소박한
감미로운　포근한　전원적인　안정된
젊은　새로운　환상적인　풍성한　편안한
경쾌한　장식적인　편리한　간편한　단정한　가지런한
스포티한　자유로운　율동적인　여유있는　감각적인　정돈된
(활)동적인　한국적인　넉넉한　우아한　그윽한
동적인　선명한　다양한　매력적인　멋진　동양적인　심플한　은은한　정적인
(Dynamic)　복잡한　성숙한　단순한　(Static)
돋보이는　화려한　시원한　고급스러운　클래식한　정적인
뛰어난　세련된
차가운　품위있는　조용한
개성적인　인공적인　하이테크한　이성적인　격식있는　보수적인　수수한
다이나믹한　실용적인　진보적인　지적인　전통적인　고상한
혁신적인　도시적인　점잖은　차분한
기운찬　서양적인　남성적인　견실한　오랜된　나이든
강인한　모던한　중후한　우울한
강한　거친　기능적인　견고한　탁한
와일드한　딱딱한　깊은　무거운
어두운

딱딱한
(Hard)

IRI Design Institute Inc.
ⓒ 제 C-2001-001388호

---

## 4 배색과 조화

### 1) 배색

배색이란 두 개 이상의 색을 인위적으로 조합하는 것을 말한다. 이러한 배색은 기대효과가 무엇인가에 따라 어떻게 배색할 것인지가 정해진다. 배색을 하기 위하여 선택된 색들은 각각의 위치가 이미지 스케일상 어느 부분에 해당하는가를 파악해보면 적절한 배색방법과 효과가 밀접한 상관관계에 놓여 있음을 알 수 있다. 이러한 조화는 이미지 스케일 공간에서 근접한 거리에 있는 색들끼리의 관계에 내포되어 유사한 이미지 효과를 주는 '유사배색'과 먼 거리에 있는 색들끼리의 관계에 내포된 대비의 효과를 주는 '대조배색' 조화로 나뉜다.

| 유사 배색 | 대조 배색 |
|---|---|
| 톤배색 : 색상을 묶어 명도나 채도 차이로 변화를 준다. | 색상배색 : 색상이 다른 색을 많이 사용한다. |
| 순차배색 : 색을 규칙적이며 점진적으로 변화시킨다. 색상의 순차배색과 톤의 순차배색이 있다. | 분리배색 : 색과 색 사이를 다른 색으로 구분 짓는다. 대조가 심한 경우와 약한 경우가 있다. |

## ❶ 톤배색

### ㉠ 톤배색 방법

- 색상을 하나로 묶어 약간의 명도차를 낸 톤배색, 완화된 이미지
- 색상을 하나로 묶어 S–H 축을 지그재그 오고가며 명도에 변화를 준 톤배색, 여성적인 이미지
- 색상을 묶어 명도를 밝은 쪽부터 어두운 쪽으로 조금씩 변화시킨 톤배색, 조용한 이미지

### ㉡ 톤배색의 효과

톤배색 시 유의할 사항은 많은 색상의 사용보다는 절제된 색 사용이 배색의 효과를 높이는 데 훨씬 더 긍정적이다. 동일색상이라도 다양한 톤의 변화를 주어 사용할 수 있고, 다양한 색을 선택했다하더라도 톤이 동일하거나 유사하면 미묘한 변화를 주어 통일성을 이루게 된다. 이러한 톤배색은 감각의 미묘함을 표현하는 데 중요한 수단이 된다.

## ❷ 순차배색

### ㉠ 톤배색 방법

- 가장 단순한 명도만을 점진적으로 변화시킨 톤 순차배색(명→암)
- 색상의 순차배색(W→C)
- 톤 순차배색, 명도를 저→고→저로 변화시키고 있다.
- 톤 순차배색. 명도를 고→저→고로 변화시키고 있다.

### ㉡ 톤배색의 효과

배색 이미지 스케일의 제작과정은 3색배색의 조화를 이용한다. 이렇게 만들어진 이미지는 비슷한 느낌의 색을 조화롭게 배색하여 각각의 형용사 집단에 묶어 분류한 후, 유사 형용사어의 카테고리를 만든다. 이는 각 배색에 내재된 특징의 차이를 명료하게 알 수 있도록 하기 위함이다.

**❸ 색상배색**

　**㉠ 톤배색 방법**

　　– 단순한 색상배색. 귀여운 이미지

　　– 동일 색상배색. 부드러우며 은은한 이미지

　　– 반대 색상배색. 화려하고 강한 이미지

　**㉡ 톤배색의 효과**

색상 배색 시 동일색상으로 배색할 경우에는 차분하고 부드러우면서도 정적인 이미지를 연출할 수 있다. 이와 반대로 보색 관계의 색상들을 배색하게 되면 강렬하고 화려하며 동적인 이미지가 전달된다.

**❹ 분리배색**

　**㉠ 톤배색 방법**

　　– 이미지 스케일상 거리가 떨어진 3색을 조합한 분리배색

　　– 대조가 심한 분리배색. 명도와 색상에도 크게 변화를 준다.

　　– 대조가 적은 분리배색. 명도와 색상변화를 약간 줄인다.

## 2) 배색의 실제

**❶ 귀여운(pretty)**

'귀여운' 색상과 색조 분포도를 보면 알 수 있듯이 활기차고 사랑스러운 이미지이다. 배색 시에는 부드러우면서도 명도가 높은 색과 반대색상에 해당하는 색을 추가하여 배색하면 귀여운 이미지가 한층 더 부각될 것이다. 귀여운 이미지는 소구대상이 유아 또는 아동일 경우에 많이 사용된다.

| HUE\TONE | R | YR | Y | GY | G | BG | B | PB | P | RP |
|---|---|---|---|---|---|---|---|---|---|---|
| V | ■ | | ■ | | | | | | | |
| S | ■ | | | | | | | | | ■ |
| B | ■ | ■ | ■ | ■ | | | | | | ■ |
| P | ■ | ■ | | | ■ | | ■ | | | |
| Vp | ■ | | ■ | ■ | | | | | | |
| Lgr | | | | | | | | | | |
| L | | | | | | | | | | |
| Gr | | | | | | | | | | |
| Dl | | | | | | | | | | |
| Dp | | | | | | | | | | |
| Dk | | | | | | | | | | |

| Neutral | |
|---|---|
| N9.5 | |
| N9 | |
| N8 | |
| N7 | |
| N6 | |
| N5 | |
| N4 | |
| N3 | |
| N2 | |
| N1 | |

부드러운

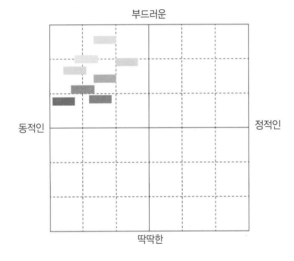

동적인       정적인

딱딱한

## ❷ 경쾌한(cheerful)

'경쾌한' 색상과 색조 분포도를 보면 알 수 있듯이 '경쾌한' 이미지를 연출하기 위해서는 강한 색 감에 해당하는 선명한 색조를 주로 사용한다. 색상을 다양하게 사용하여 배색하는 특성을 살려 색상을 배색하면 어렵지 않게 경쾌한 이미지 연출을 할 수 있다.

| HUE \ TONE | R | YR | Y | GY | G | BG | B | PB | P | RP | | Neutral | |
|---|---|---|---|---|---|---|---|---|---|---|---|---|---|
| V | ■ | ■ | ■ | ■ | ■ | | | | | | | N9.5 | |
| S | ■ | ■ | | | | | | | | | | N9 | |
| B | ■ | ■ | ■ | ■ | ■ | ■ | ■ | ■ | | ■ | | N8 | ■ |
| P | | ■ | | | | | ■ | | | | | N7 | |
| Vp | | | | ■ | | | | | | | | N6 | |
| Lgr | | | | | | | | | | | | N5 | |
| L | | | ■ | | ■ | | | | | | | N4 | |
| Gr | | | | | | | | | | | | N3 | |
| Dl | | ■ | | | | | | | | | | N2 | |
| Dp | ■ | ■ | | | ■ | | | ■ | | | | N1 | |
| Dk | | | | | | | ■ | | | | | | |

부드러운

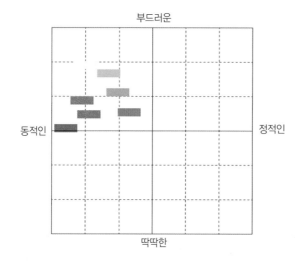

동적인 　　　　　　　　　　　　　 정적인

딱딱한

### ❸ 다이나믹(dynamic)

'다이나믹' 색상과 색조 분포도에서 보는 바와 같이 다이나믹 이미지는 강력한 힘을 연상시킨다.

| HUE／TONE | R | YR | Y | GY | G | BG | B | PB | P | RP | | Neutral |
|---|---|---|---|---|---|---|---|---|---|---|---|---|
| V | ■ | ■ | ■ | | | ■ | | | | | | N9.5 □ |
| S | | ■ | | | | | | | | | | N9 |
| B | ■ | | ■ | | | | | | | | | N8 ■ |
| P | | | | | | | | | | | | N7 |
| Vp | | | | | | | | | | | | N6 |
| Lgr | | | | ■ | | | | | | | | N5 |
| L | | ■ | ■ | | | | | | | | | N4 |
| Gr | | | | | | | | | | | | N3 |
| Dl | | | | | | | | | | | | N2 |
| Dp | ■ | | | | ■ | ■ | | ■ | ■ | | | N1 ■ |
| Dk | ■ | | | | ■ | ■ | ■ | | | ■ | | |

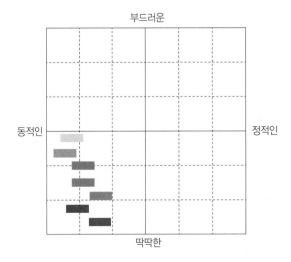

부드러운

동적인 　　　　　　　　 정적인

딱딱한

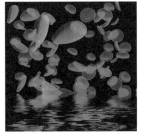

### ❹ 모던한(modern)

'모던한' 색상과 색조 분포도에서 보는 바와 같이 모던한 이미지는 진취적이면서 개성적인 의미를 내포하고 있다. 차갑고 딱딱한 느낌의 색을 사용한 배색에서 모던한 이미지를 느낄 수 있다.

| HUE\TONE | R | YR | Y | GY | G | BG | B | PB | P | RP |
|---|---|---|---|---|---|---|---|---|---|---|
| V | | | ■ | | | ■ | | ■ | | |
| S | | | | | | | | | | |
| B | | | | | | | | | | |
| P | | | | | | | ■ | | | |
| Vp | | | | | | | | ■ | | |
| Lgr | | | | | | | | | | |
| L | | | | | | ■ | | | ■ | |
| Gr | | | | | | | | | | |
| Dl | | | | | | | | | | |
| Dp | | | | | | | | ■ | | |
| Dk | | | | | | ■ | | | | |

| Neutral | |
|---|---|
| N9.5 | |
| N9 | |
| N8 | |
| N7 | |
| N6 | |
| N5 | |
| N4 | |
| N3 | |
| N2 | |
| N1 | |

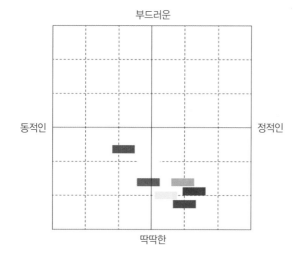

부드러운

동적인 　　　　　　　 정적인

딱딱한

### ❺ 맑은(pure)

'맑은' 색상과 색조 분포도에 나타나는 바와 같이 청량한 숲 속의 맑은 공기와 투명한 물 속의 이미지들을 통해서 맑은 이미지의 느낌을 받는다.

| HUE / TONE | R | YR | Y | GY | G | BG | B | PB | P | RP |
|---|---|---|---|---|---|---|---|---|---|---|
| V |  |  | ■ |  |  |  |  |  |  |  |
| S |  |  |  |  |  |  |  |  |  |  |
| B |  | ■ |  |  |  |  |  |  |  |  |
| P |  | ■ |  |  |  | ■ | ■ | ■ | ■ |  |
| Vp |  | ■ |  | ■ | ■ | ■ | ■ | ■ | ■ |  |
| Lgr |  |  |  |  |  |  |  |  |  |  |
| L |  |  |  |  |  | ■ |  |  |  |  |
| Gr |  |  |  |  |  |  |  |  |  |  |
| Dl |  |  |  |  |  |  |  |  |  |  |
| Dp |  |  |  |  |  |  |  |  |  |  |
| Dk |  |  |  |  |  |  |  |  |  |  |

| Neutral | |
|---|---|
| N9.5 | □ |
| N9 |  |
| N8 | ■ |
| N7 |  |
| N6 |  |
| N5 |  |
| N4 |  |
| N3 |  |
| N2 |  |
| N1 |  |

부드러운

동적인 ――――――――― 정적인

딱딱한

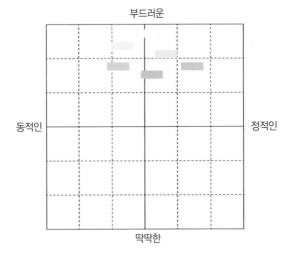

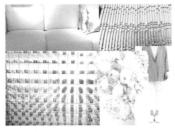

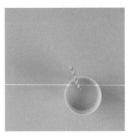

## ❽ 온화한(mild)

안정되고 부드러운 효과를 주는 온화한 이미지는 온기 있고 부드러운 배색의 연출을 할 수 있다.

| HUE\TONE | R | YR | Y | GY | G | BG | B | PB | P | RP |
|---|---|---|---|---|---|---|---|---|---|---|
| V | | | | | | | | | | |
| S | | | | | | | | | | |
| B | | | | | | | | | | |
| P | | ■ | | | | | | ■ | | |
| Vp | | ■ | | ■ | ■ | | ■ | | | |
| Lgr | ■ | ■ | ■ | ■ | | | | | | ■ |
| L | ■ | | | ■ | | | | | | |
| Gr | | | | | | | | | | |
| Dl | | | | | | | | | | |
| Dp | | | | | | | | | | |
| Dk | | | | | | | | | | |

| Neutral | |
|---|---|
| N9.5 | |
| N9 | |
| N8 | ■ |
| N7 | |
| N6 | |
| N5 | |
| N4 | |
| N3 | |
| N2 | |
| N1 | |

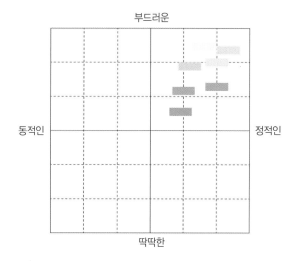

부드러운

동적인 　　　　　　　　　　　　　　　　 정적인

딱딱한

# ❼ 우아한(elegant)

세련되고 도시적이면서도 전통색과 관련하여 연한 분홍색과 같은 색상들을 활용하면 감각적인 우아함을 연출할 수 있다.

| TONE＼HUE | R | YR | Y | GY | G | BG | B | PB | P | RP | | Neutral | |
|---|---|---|---|---|---|---|---|---|---|---|---|---|---|
| V | | | | | | | | | ■ | ■ | | N9.5 | |
| S | | | | | | | | | | ■ | | N9 | ▨ |
| B | | | | | | | | | ■ | | | N8 | |
| P | | | | | | | | | ▨ | | | N7 | |
| Vp | ▨ | | ▨ | | | | | | ▨ | | | N6 | |
| Lgr | | ▨ | ▨ | | | | | | ■ | ■ | | N5 | |
| L | ■ | | | | | | | | ■ | ■ | | N4 | |
| Gr | | | | | | | | | | | | N3 | |
| Dl | | | | | | | | | ■ | | | N2 | |
| Dp | ■ | | | | | | | | ■ | | | N1 | |
| Dk | | | | | | | | | | | | | |

부드러운

동적인　　　　　　　　　　　　정적인

딱딱한

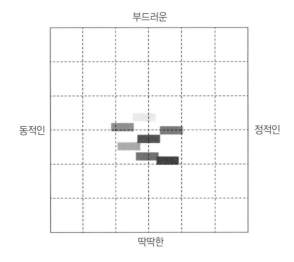

## ❽ 화려한(luxurious)

화려한 이미지의 연출은 붉은 장미와 같은 아름다움의 표현이라 할 수 있다. 금빛 액세서리와 다채로운 보석들 등에서 화려함의 이미지를 엿볼 수 있다.

| HUE\TONE | R | YR | Y | GY | G | BG | B | PB | P | RP | | Neutral |
|---|---|---|---|---|---|---|---|---|---|---|---|---|
| V | | | ■ | | ■ | | | | ■ | ■ | | N9.5 |
| S | | | | | | | | | | ■ | | N9 |
| B | | | ■ | | | | | | | ■ | | N8 |
| P | | | | | | | | | ■ | | | N7 |
| Vp | | | | ■ | | | | | | | | N6 |
| Lgr | | | | | | | | | | ■ | | N5 |
| L | | | | | | | | | | | | N4 |
| Gr | | | | | | | | | | | | N3 |
| Dl | | | | | | | | | | | | N2 |
| Dp | | ■ | | | | | | ■ | ■ | ■ | | N1 ■ |
| Dk | | ■ | | | | | | ■ | | | | |

부드러운

동적인 ／ 정적인

딱딱한

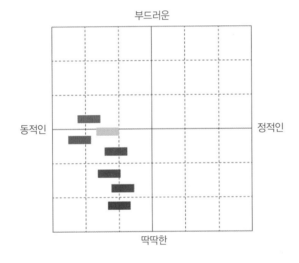

우리는 실생활의 느낌을 색채를 통해 더욱 아름답고 풍부하게 만들어 가면서 정신적으로나 육체적으로 활력을 갖는다. 색채심리란 색 주변 요소에 대하여 심리적으로 반응하게 하는 원인을 제공한다. 즉, 색채에 관심이 있거나 특정한 대상에게만 영향을 주는 것이 아닌, 무의식적으로 영향을 준다. 특히 행동과 감정 및 태도에 영향을 주는데, 이는 색이 기질과 기분을 자극하기 때문이다. 우리의 시각을 통하여 신경을 거쳐 뇌로 전달된 색은 개개인의 경험 또는 환경적 변화에 따라 달리 지각된다. 일상생활에서 색이 독립적으로 감지되는 경우는 매우 드물며 주변 색들과의 영향으로 지각되기 때문이다.

색을 이해하기 위해서는 색의 개념과 이론만으로는 온전히 전달될 수는 없다. 색은 정서적이면서도 주관적인데, 색상 한 가지 안에도 강한 느낌이 존재한다. 또한 면적과 명도, 그리고 채도의 변화에 따라 발산되는 느낌이 달라지며, 예술작품 속의 색채를 통해 다양한 색 변화와 감정 연출을 발견하게 된다.

색채를 경험하는 것은 일상생활에서 느껴지는 색채의 정서적 반응으로 이루어진다. 정서적 반응은 개인의 생활양식뿐만이 아니라 지역과 문화 등의 영향에 의하여 다르게 지각된다.

따라서 색채를 조화롭게 함으로써 대상이 갖고 있는 기능적이면서도 아름다움의 느낌을 표현할 수 있는 것이다.

## 1) 색채 심리의 영향

색채의 심리는 색상, 명도, 채도뿐만이 아니라 조화와 대비, 잔상, 착시 등의 다양한 영향을 받게 된다.

| | |
|---|---|
| 기억색(memory color) | 대상의 표면색에 의해 무의식적인 결론에 의해 결정되는 색 |
| 현상색(appearance color) | 실제로 보여지는 색 |
| 항상성(constancy) | 빛의 스펙트럼 특성이 변하더라도 물체의 색을 다르게 지각하지 않는 성질 |

### ❶ 색채와 감정

| 난색계 | 한색계 |
|---|---|
| 시간이 느리게 경과됨 | 시간이 빨리 경과됨 |
| 운동, 시각적, 흥미 | 근면, 무미, 건조 |
| 활기, 호흡 가속, 혈압 상승 | 차분, 호흡 느림, 혈압 저하 |
| 물체가 길고, 크고, 무겁게 보임 | 물체가 짧고, 작고, 가볍게 보임 |
| 어린이 기호색 | 성인 기호색 |
| 수정체는 청광색 10%를 흡수, 어린이 눈은 맑음 | 수정체의 멜라닌색소가 청색광을 85%나 흡수, 연령에 따라 눈의 분비액은 황색기를 띰 |
| 진출, 팽창, 확대로 실내는 좁게 보임 | 후퇴, 수축, 축소로 실내는 넓게 보임 |

## ❷ 색상에서의 감정효과

| 색상 | 적 | 주황 | 황 | 녹 | 자 | 청녹 | 청 | 청자 |
|---|---|---|---|---|---|---|---|---|
| 감정 효과 | (난색계) 활동적, 정열적 | | | (중성색계) 중용, 고요함 | | (한색계) 가라앉음, 지성적 | | |
| | 흥분, 노여움, 정력, 환희 | 질투, 양기, 기쁨, 떠들다 | 희망, 자기중심적, 명랑, 유쾌 | 자연, 평범, 안일, 젊음 | 흐트러짐, 불안, 우아, 위엄 | 불만, 우울, 상쾌, 청량 | 냉담, 슬픔, 착실, 깊이 | 기품, 존대, 신비, 고독 |

## ❸ 색채 감정의 성립

| 문화적 색채감정 | 민족, 지역, 국가 등의 집단적 요인에 의해 다르게 형성되는 색채감정 |
|---|---|
| | 기후나 지리조건, 풍속, 관습, 종교 등의 다양한 요인으로의 문화적 감정 |
| | 대한민국 태양−빨강, 서유럽의 태양−노랑 |
| | 대한민국 우체통−빨강, 프랑스와 스페인의 우체통−노랑 |
| | 민족의상의 색채, 국기색 등, 문화적인 차이나 관습, 문화가 투영된 색채 감정 |
| 보편적 색채감정 | 인간심리에 보편적으로 갖는 공통된 색에 대한 느낌 |
| | 따뜻하다, 차갑다, 무겁다, 가볍다 또는 청각, 미각, 촉각, 후각 같은 보편적 공통 감각 |
| | 다수의 감정에 공통된 영향을 주는 성질로 사회생활을 원활하게 하기 위한 기능색 |
| | 세계 공통의 기호(사인), 교통도로 표식이나 안전색채로의 사용 |
| | 색을 통해 느껴지는 공통된 감정 |
| 개인적 색채감정 | 개인의 생활체험에서 유래되는 색채감정 |
| | 타고난 환경과 풍토, 경험 및 지식, 교양 등을 기준으로 한 주관이나 감성에 따라 기호되는 색 |
| | 개인이 갖는 정서적 느낌 |

# 2) 색의 연상

색채를 연상하는 과정에서는 자유 연상법으로 실시한다. 예를 들면 바나나, 또는 나뭇잎에 대한 색채의 연상은 구상적인 연상법에 해당되고, 슬픔, 기쁨, 고독, 행복 등은 추상적인 연상법에 해당된다.

| 구체적 연상 | 추상적 연상 |
|---|---|
| 유채색 | 무채색 |
| 유아~소년기 | 청년~노년기 |
| 노란색 : 바나나 | 노란색 : 어린아이, 활발함 |
| 색의 연상(color assocation) | 색의 상징어 |

## ❶ 색의 연상표

빨강, 파랑, 흰색, 검정과 같은 명확한 색은 연상어가 많은 경향을 보인다.

| 색상 | 빨강 | 노랑 | 초록 | 파랑 | 보라 | 흰색 | 검정 |
|---|---|---|---|---|---|---|---|
| 연상어 | 피 | 귤 | 오이 | 바다 | 나팔꽃 | 벽 | 석탄 |
| | 태양 | 해바라기 | 피망 | 물 | 제비꽃 | 병원 | 까마귀 |
| | 불꽃 | 깃발 | 산 | 하늘 | 보석 | 셔츠 | 한밤중 |
| | 공산국가 | 레몬 | 목장 | 가을하늘 | 포도 | 구름 | 그을음 |
| | 네온 | 유채꽃 | 산속 | 심해 | 붓꽃 | 분필 | 턱시도 |
| | 장미 | 은행나무 | 잔디 | 열대어 | 라일락 | 간호사 | 눈동자 |
| | 사루비야 | 빛 | 메론 | 여름 | 가지 | 시트 | 밀실 |
| | 딸기 | 옥수수 | 개구리 | 청년 | 증기 | 치아 | 펜 |
| | 소방차 | 계란 노른자 | 소나무잎 | 하와이 | 가지 | 흰가운 | 타이어 |

## ❷ 색의 상징표

| 색상 | 빨강 | 노랑 | 초록 | 파랑 | 보라 | 흰색 | 검정 |
|---|---|---|---|---|---|---|---|
| 연상어 | 분노 | 활발 | 평온 | 시원 | 고상 | 진리 | 죽음 |
| | 기쁨 | 초조 | 안전 | 안식 | 기품 | 새로운 | 남성적 |
| | 생명 | 불안 | 상쾌 | 우울 | 무드 | 허탈감 | 냉혹 |
| | 위험 | 느슨한 | 신선 | 차가운 | 우아 | 공허 | 불안 |

| 연상어 | 폭발 | 약동 | 평온 | 해방감 | 여성적 | 가능성 | 음산한 |
|---|---|---|---|---|---|---|---|
| | 용기 | 유쾌 | 행복 | 좋은 기분 | 불안 | 화려 | 약 |
| | 격렬 | 부드러움 | 산뜻함 | 평화 | 복잡 | 차가운 | 씁쓸 |
| | 정열 | 명랑 | 침착 | 정신 | 화려 | 청결 | 자신 |
| | 흥분 | 가벼움 | 자연 | 지성 | 매력 | 냉담 | 무거운 |

## 3) 색채와 미각

색채는 미각과 밀접한 관계가 있다. 미각이란 미각 기관인 혀에 의해 맛이 자극되어 생기는 지각의 하나로서 인간이 느끼는 맛에는 신맛, 단맛, 쓴맛, 짠맛의 4종류가 있으며 보편적으로 빨강과 주황색 계열의 색은 식욕 증진의 효과를 준다.

## 4) 색채와 소리

음악은 템포에 따라 빠르게 또는 느리게 전개되는 데 높은 음일 때는 밝은색으로 뛰어 올랐다가 낮은 음일 때는 어두운 색으로 떨어지기도 한다. 음의 세기가 강할 때 느껴지는 색감은 가깝고, 강렬하고, 짙고, 거대하다. 반대로 색이 엷고 흐리면 약한 음으로 느껴지면서 멀리 있는 것으로 인식된다.

**낮은음 :**
저명도의
어두운 색

**표준음 :**
스펙트럼순
의 등급별 색

**예리한 음 :**
노랑 기미의
빨강, 에메랄
드 그린, 남색

**높은음 :**
고명도, 고
채도의 색

## 5) 색채와 시간

| 적색 계통 | 푸른 계통 |
|---|---|
| 시간의 경과가 길게 느껴짐 | 시간을 짧게 느낌 |
| 지루함, 피로감, 싫증 | 시원한 기분, 싫증나지 않음 |
| 상업 공간이나 커피숍 | 사무실이나 병원 대기실 |

## 6) 색채와 모양

| | |
|---|---|
| **빨강** | 명시성 높음 |
| | 단단함 |
| | 견고함 |
| | 사각형 |
| **노랑** | 가장 명시성 높음 |
| | 뾰족함 |
| | 영적 |
| | 삼각형 |
| **파랑** | 차가움 |
| | 투명함 |
| | 영적 |
| | 원, 구 |

## 7) 색채와 후각

향의 효과 중에서 이성(異性)의 관심을 받는 힘이 내재되어 있다. 이러한 매력적인 힘은 심리작용으로 존재하며 인간의 본능적인 생식력과도 관련이 있다.

| **짙은 냄새** | 녹색 |
|---|---|
| **톡 쏘는 냄새** | 오렌지색 |
| **은은한 향기 냄새** | 연보라 |
| **나쁜 냄새** | 저명도, 저채도의 난색 계통 |

## 8) 색채와 촉감

① 색채와 촉감은 색상, 명도, 채도에 따른 색상의 특성과 사물의 재질감에 민감하게 반응한다. 예를 들면 파랑과 청록 등의 색채는 촉촉한 느낌을 주는데 반해, 난색 계열의 색채는 건조한 느낌을 준다. 부드러움은 고명도, 저채도의 빨강과 고명도 저채도의 파랑 등에서 쉽게 느껴지고, 명도가 낮고 채도가 높은 색채는 강하고 단단하게 느껴진다.

② 색채 효과는 표면의 질감에 의해 그 특성이 강해지거나 약해지는 경향이 있다.

## 1) Red

### ❶ 연상

미국의 인류학자 '바린'과 '케이'의 연구결과에 의하면 인류가 의식한 최초의 색은 '빨강'임을 확인할 수 있다. 빨간 색상의 규정으로는 노랑 기미의 빨강(yellowish red)과 보라 기미의 빨강(purplish red)으로 정하고 있다. 표시체계는 먼셀기호로 표시하며, 문교부의 표준 20색에서의 색상번호 1로, 명도는 4, 채도는 14로 규정하고 있다. 한자어로 해석할 때의 빨강은 일반적으로 적색 또는 비색(緋色), 홍색(紅色)이라 한다. 그리고 순수한 붉은색을 순홍색(純紅色)으로 부르고, 순수한 짙은색의 붉은색은 진홍(眞紅)또는 선홍(鮮紅)이라고 부른다.

주(侏)색의 적색(10R)과 홍(虹)색의 적색(10RP)은 시각적으로 보았을 때, 미묘한 이미지의 차이를 주기 때문에 혼돈을 일으키기도 한다. 주적색은 황색기미가 약간 있는 색상으로써 따뜻한 느낌을 주는 데 반하여 홍적색은 청색기미가 약간 도는 차가운 느낌에 가까운 색상을 말한다.

### ❷ 상징적 의미

#### ㉠ 생명의 Red

중국에서의 빨강은 선호색으로 경사로움 및 상서로움의 긍정적인 상징이 내재되어 있는 색상이다. 고대의 중국은 악귀와 질병으로부터 보호하는 벽사의 의미가 있고, 또한 부를 상징하는 행운의 색상으로 여겼다. 빨강의 상징은 의식적인 목적이 있으며 엄숙하면서도 근엄한 인상이 내포되어 있다. 또한 저항 불가한 에너지를 발산하고 있다.

고대에는 신에게 생명과 영혼의 상징인 동물의 피를 제물로 바치는 의식이 치러졌다. 여기에서의 피는 생명 부활의 의미로서 피를 마시는 것을 금기한 이스라엘에서조차도 예배를 통해서만큼은 허용되었다. 또한 로마의 경우에는 교회에서 행하는 의식을 통해 피의 생명적 상징성을 확인할 수 있다. 희생된 동물들의 피가 흘러내리는 장소에서 누워있는 의식, 또는 피지섬에 사는 원주민들이 병든 자를 살리기 위한 의식으로 피와 내장으로 뒤덮인 무덤에 누워서 소리를 지른 후 일어나는 의식을 통해서 병이 회복된다는 관습을 통해 확인할 수 있듯이 붉은색에 내재되어 있는 강한 생명력의 상징성이 심리적으로 강한 영향력을 줄 수 있다.

특히 팥으로 만든 음식뿐만 아니라 부적과 오색실 또는 고추와 내추 등은 귀식이 싫어하는 적색으로 만들어진 것으로서 이것들을 사용하면 귀신을 쫓아낼 수 있고 결국에는 집안의 평화와 무병을 얻을 수 있는 것이다.

### ⓛ 힘의 Red

빨강은 혁명을 상징하는 전복(顚覆)을 의미하고 '군사 색'으로 군신(軍神)을 상징하기도 하며 에너지와 불과 피를 연상한다. 그 중에서도 중국에서는 홍위병을 내세운 1960년대 문화혁명이 그 대표적인 상징이라 할 수 있다. 또한 로마의 붉은색은 자주색으로써 황제의 의복에 사용되었으며, 빨간색을 보면 온순한 백성들조차 불만의 불길이 솟구쳐 오르게 하는 힘을 지니고 있다고 하였다. 빨강을 선호하는 경우에는 활동적이고 선동적인 경향을 추구하는 사람으로서 정복 욕구가 강한 특징이 있다.

불새의 상징 또한 부활의 의미와 관련이 깊다. 불꽃이 새가 되어 강인해진다. 메르쿠리우스는 변화의 정령으로서 식물과 함께 있을 때에는 녹색을 띠고, 강한 에너지를 품는 열정적인 상황이 되면 붉은색으로 변한다. 빨간색은 신의 형상 채색 시에 자주 사용되기도 한다. 왜냐하면 태양의 힘이면서도 초자연적 힘을 상징하기 때문이다. 특히 전쟁의 신 마르스의 얼굴과 태양신 아폴로의 얼굴을 보면 빨간색으로 이루어져 있음을 확인할 수 있다. 또한 빨간색의 상징 중에서 아름다움과 동일한 의미로 사용되기도 하며 부자를 뜻하며 사용되기도 한다.

반면에 부정적 상징으로 해석되는 경우도 있는데, 빨강의 강렬함은 야만적이고 비속하며 위험함으로 해석된다. 이러한 해석은 특히 청교도 시대의 주홍글씨가 죄인과 낙인을 비유하는 표현으로 사용된 사례에서 확인할 수 있다. 또한 적색 간판이 운전자의 안전에 방해를 주는 시각장애의 요인이 될 수 있다는 이유로 인해 규제되었으며, 빨간색으로 제작된 간판 또한 시각적으로 자극을 주어 사용을 자제하도록 하였다. 다른 색상보다도 유독 빨간색은 적개심과 규제가 심하였다.

이러한 부정적인 의미의 빨강은 2002년 월드컵 경기에서의 길거리 응원을 통해 긍정적인 의미로의 상징으로 변화되었다.

빨강은 승리의 색으로 축제문화 속에 에너지를 발산하는데 큰 기여를 하였으며 더 나아가 패션과 응원과 스타일을 통한 빨강의 유행은 신선한 축제문화로 자리매김하는 데 큰 역할을 하였다. 빨간색의 피는 카니발에게 바치는 희생의 피를 상징하며, 정열과 에너지를 상징하는 빨간색이 축제의 분위기를 그대로 나타내고 있기 때문이다.

빨강은 부교감신경인 자율신경에도 영향을 준다. 특히 부교감신경을 자극하여 긴장감을 높이는 역할을 하기 때문에 성호르몬의 촉진제 역할을 한다. 반대로 청색은 교감신경의 긴장 요소를 자극하여 성호르몬에 대한 억제제 작용을 하는 역할을 한다.

❸ **다양한 빨간색**

## 2) Yellow

### ❶ 연상

노랑의 상징은 태양과 나팔소리이다. 노랑은 쾌활하고 부드러우며 즐거움을 나타낼 때 사용하는 색으로서 빛에 가장 근시적으로 접근하는 색으로도 해석될 수 있다.

노랑 또는 황금색상은 고대 그리스에서 아테나 신을 상징하며, 특히 황금색상은 변색되지 않는 영원성을 내포하고 있다. 이러한 영원성이 내포되어 있기 때문에 황금색상은 빛을 대변하는 색으로 자주 이용되고, 때로는 아예 황금을 직접 사용하기도 한다.

노랑은 익살스럽고 다이나믹한 색상으로서 단순한 이미지를 표출함과 동시에 화려하다. 색의 3원색에 해당하는 노랑은 아이들의 감정을 적용하는 데 가장 적당한 색이다. 아이들은 노란색을 선택하면서 시끄럽고 수다스러운 대상으로서 해석하면서도 주의나 경고의 표식을 위한 신호로서의 색으로도 선택되어 사용된다.

### ❷ 심리적 작용

또한 말러(Maler)는 노랑에 대하여 따뜻함을 표출하지만 눈에 잘 띄며 부드럽고 밝으며, 다른 색상에 비하여 강하게 퍼져나가는 속성을 지니고 있다고 하였다. 구매자의 손길이 쉽게 가도록 하는 소비자 심리의 측면에서도 노랑은 유쾌하고 즐거운 이미지를 발산한다.

### ❸ 상징적 의미

노란색에는 현대적이면서 미래적인 새로움을 의미하고, 희망적인 상징을 내포하고 있다. 노란색을 선호하는 사람들의 대부분은 이 같은 가치를 지니고 있다. 이와는 달리 노란색을 선호하지 않는 사람들은 노란색에 내재된 희망에 대한 본인의 기대가 일시적이나마 실망하였다는 것으로 설명한다. 이들은 일상 속에서 실망을 감추지 못하며 소외감을 느낀다.

이들은 실망과 허무감이 내재되어 있으므로 노랑을 기피한다. 왜냐하면 노랑을 바라볼 때에 위선적이라는 느낌을 받기 때문이다. 일반적으로 사람들은 어떠한 상황 속에서 기대감을 놓쳐 버릴 때 노랑을 거부하게 된다. 이 때에는 오히려 노랑보다는 파랑을 더 선호하는 경향을 보인다.

하이멘달에 의하면 노란색은 낭비와 경솔함이 내재되어 있다고 하였으며 노랑에 대해서 미친 웃음을 웃는다고 묘사하였다. 또한 건방지고 우쭐댄다는 식의 비유법을 쓰면서 노란색의 무절제함을 설명한 바 있다.

노란색은 고대에는 분노와 폭발의 기질과 관련 깊은 의미가 내재되어 있었고, 칸딘스키는 그의 저서인 『예술에 있어서 정신적인 것』에서 노란색에 대한 부정적인 견해를 내세웠음을 언급한 적이 있다. 노란색에는 인간의 불안성이 내재되어 있고, 강제적이고 뻔뻔한, 그리고 빈정됨의 기분이 내재되어 있는 폭력성이 짙은 성격이 있다는 것이다. 또한 더 밝은 색조의 노랑으로 가고자 하는 욕구를 불러일으킨다고 하였고, 날카로운 음악소리로 들리거나 정신병리학적인 접근에 의하면 광기와도 같은 색이라고 하였다. 실제로도 노란색은 정신분열증 환자들이 선호하는 색이라고 한다.

### ㉠ 칸딘스키의 Yellow

노랑은 너무 밝기 때문에 눈에 잘 띄는 성향이 있는데, 하양과 같이 밝아지고자 하는 성질을 내포하고 있다. 또한 뻔뻔하며 건방진 기분이 들게 하며 높은 고음의 악기 소리에 비유된다. 원형에 노랑이 가득 차 있으면 원형의 한가운데에서 빛을 내뿜는 것 같이 보인다. 노랑은 사람들을 자극하면서도 조용하게 만든다.

### ㉡ 뤼셔의 Yellow

노랑은 실연과 아픔을 겪은 사람들이 선호하는 유형에서 쉽게 발견할 수 있다. 심리적으로 노랑은 자유로움과 발전적인 상징이 있기 때문에 행복과 더 나은 발전된 미래를 지향하는 사람들이 노랑을 선호하는 경향이 있다. 뿐만 아니라 긴장감과 동시에 희망 또한 내포하고 있다.

### ㉢ 파브르의 Yellow

노랑은 금빛과 비유되어 쓰이는데, 곡식의 이삭이나 젊음을 상징하기도 한다. 그러나 레몬색의 노랑은 악의가 있거나 위험하고 아픈 감정과 어울리며, 특히 갈색빛에 가까운 노랑은 포근하고 끈기 있는 상징의미가 내재되어 있다. 또한 재미와 호기심, 주의집중이나 신경과민의 의미도 노랑에 내재되어 있다. 실제적으로 독일에서 쓰는 어구 중에서는 질투를 노랑에 빗대어 사용함을 확인할 수 있다. 순수한 의미를 지니고 있는 노랑은 자유와 강한 활동성을 내포하고 있으며 태양을 상징한다.

– 다양한 노란색

## 3) 주황색

### ❶ 연상과 심리적 작용

하이스에 의하면 주황색은 "노랑과 빨강 뒤의 두 번째 대열에 있는 외향성의 색이다. 주황은 성취에 대한 노력과 세력추구를 의미하는 영역을 암시할 수도 있다."라고 언급한 바 있다.

괴테는 주황색에 대한 이미지에 대하여 다음과 같이 언급하였다. "어떠한 색도 정지한다고 생각할 수 없기 때문에, 노란색을 농축하고 진하게 함으로써 아주 쉽게 빨간 색조로 상승시키고 끌어올릴 수 있다. 색의 에너지가 높아지고 붉은 노랑에서 더 강도 있고 더 화려하게 나타난다."

### ❷ 상징적 의미

주황색 중에서도 복숭아색 또는 산호색은 친근함을 주는 명랑한 이미지를 내포하고 있다. 또한 주황색은 활동적이고 따뜻한 에너지로서 열이 가득 찬 내부 공간을 상징하기도 한다. 빨강은 뜨거운 불의 느낌인데 반하여, 주황은 따뜻한 온기의 이미지로 느껴져서 편안하고 온화하다. 노란색과 비교하였을 때에는 촉감적으로 더 부드럽고 따뜻하다고 볼 수 있다. 과일의 결실이나 풍족한 명절 음식을 연상하는 주황색은 자부심과 젊음, 용감함, 생생감, 온화하고 명랑함, 연하고 안락함이 해당한다.

주황은 흥분을 유발하고 자극적이며 노랑과 빨강의 특징이 모두 내재되어 있다. 빨강에 비해서는 자극적이지 않으나 흥분과 에너지는 빨강과 유사하기 때문에 주황을 선호하는 사람의 특성은 포용력이 있고 너그러우면서도 개방적인 면이 있다. 그래서 주황은 의사소통을 원활하게 하여 대인관계가 좋으며, 진실성이 드러나 있다.

– 주황색 혼합색

 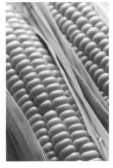  

## 4) Green

### ❶ 연상과 심리

숲 또는 자연이나 식물을 통해서 녹색을 자연스럽게 떠올릴
수 있듯이 녹색은 자연의 이미지에 주로 많이 보인다. 녹색의
단어를 통한 연상의 대부분은 초원이고, 물 또한 연상된다고
하였다. 녹색의 색상은 이슬람 문화권에서 오아시스를 상징
한다. 오아시스는 휴식의 공간이기 때문에 녹색은 휴식의 상
징이다. 또한 뇌하수체의 자극을 돕는 역할을 하는 녹색은
인체에 유익한 신진대사 작용에 도움을 주는 힘이 있다.

괴테는 녹색의 심리에 대하여 설명하기를 조화와 균형을 주는
효과가 있다고 언급하며 더 이상 갈 수도 없고 더 이상 가려고
도 하지 않는 색이라 하였다.

이와 같이 자연과 예술의 상호관계 속에서 괴테는 예술가가 자연에 충실하지 않고 더 이상 자연
을 생각하지 않으면, 그는 대상에 대한 본질을 파악할 수 없으므로 예술의 기초에서 멀어진다고
했다(요한 볼프강 폰 괴테, 2008). 슈테파네스쿠 고안가의 검사에 의하면 대부분의 사람들이 녹
색을 통해 마음의 진정을 느끼고, 부드럽고 쾌적함을 경험했다고 하였고 비렌의 피검사자들 또
한 녹색을 통해서 평화와 신선함을 느꼈다고 하였다.

마음을 안정시키는 색은 바꾸어 말하면 정적이고 차분한 색으로 역동감이 느껴지지 않아 무료함, 떳떳하지 못함, 단조로움 등의 부정적인 느낌을 주기도 한다(프랑크H.만케, 1998). 또한 녹색은 심리적으로 자극을 거의 받지 않는 색으로서 집중을 요하는 일이나 깊은 성찰과 명상을 해야 하는 일을 하는 공간에 사용하면 안정감을 주고 스트레스를 해소함과 동시에 감정이 진정된다. 그러나 부정적인 상징으로서는 녹색 중에서도 채도가 낮은 녹색의 경우에는 부패와 곰팡이를 상징하기도 한다.

녹색은 유럽 문화권에서는 독을 상징하는 색으로 변화하였으며, 이로 인해 결국에는 20세기 초에는 비소의 녹색 사용이 금지될 정도로 녹색의 부정성이 강조되었다. 따라서 유럽의 녹색은 독소와 악마를 상징하는 색으로 상징함을 발견할 수 있다.

### ㉠ 칸딘스키의 Green

칸딘스키는 스스로 만족하면서 흔들림 없이 순수한 색이 녹색이라 하였다. 부동성의 의미가 내포된 녹색은 인간에게 휴식과 편안함을 불어 넣어준다. 반면에 어느 정도의 휴식이 지나면 지루함을 느끼고 수동적인 성향을 갖는다. 녹색 안에서 능동적인 면은 찾아보기가 쉽지 않고 에너지가 내부에 내재되어 있다. 왜냐하면 녹색은 색을 반사하여 발산하는 것이 아니라 그 자체로 있기 때문이다. 그러나 녹색은 지루한 면보다는 생명의 에너지가 훨씬 더 강하다. 왜냐하면 긴장의 상태에서 집중력을 발휘하기 때문이다. 겉으로는 움직이지 않고 정적으로 보이지만 내부적으로는 에너지를 발산하기 위하여 충전하는 격이다. 이러한 면 때문에 소원을 이루고자 하는 희망의 근원으로 여겨지는 데 견고함과 단단함이 존재한다.

### ㉡ 괴테의 Green

괴테는 그린에 대하여 노랑과 파랑이라는 원색이 혼합된 최초의 색이라 칭하고 노랑과 파랑의 비율이 균등하게 혼색되어 창출된 색으로서 현실적 만족감을 느낄 수 있다고 하였다. 사람들이 보기 좋을 만큼 적당한 안정감을 주는 색이 그린이라 설명하였다.

그린에 대한 색채학적 접근으로의 설명은 파랑과 노랑이 혼합된 결과로써 그치지만, 색채 심리학자들의 관점에서는 그린은 단순히 색채일 뿐만이 아니라 생명이 내재된 색으로 존재한다고 본다. 우리가 숲 속을 산책하면서 평온한 마음을 갖게 되고 휴식을 즐길 수 있는 행위는 정서적인 안정에 도움이 되기 위함이고, 녹색의 심리적인 요인이 영향을 주기 때문이다. 생명이 있다는 것은 달리 말하자면 생존의 욕구가 강하다는 의미가 포함된다. 휴식과 균형을 제공하는 녹색은 정신을 맑게 하는 효과를 주고 안식의 느낌이 난다.

### ㉢ 뤼셔의 Green

녹색은 나무의 잎을 연상시키고 이 잎은 밤이 되면 어둡게 변하면서 푸르른 빛을 내품는다. 노랑의 자극성과 파랑의 정적인 성질이 동시적으로 유지되기 때문에 부동적인 것이다. 녹색은 견고하고 완고함, 확신이 내재되어 있으며 파란색과 배색할 때에 가장 잘 어울린다고 하였다. 확고한 자존심과 더불어 도덕성, 그리고 가치와 명예를 높이고자 하는 시도를 통하여 명예를 갈망하는 성향이 있다.

❷ 다양한 녹색

## 5) Blue

❶ 연상과 심리

파란색은 색의 온도감 중에서도 한색에 속하며, 한색 중에서도 가장 차가운 색이라 할 수 있다. 반대되는 이미지인 빨간색이 강렬하고 육체적이며, 뜨거운 생명성의 힘이 느껴지는 능동적인 특성이 있는 반면에, 파란색은 수동적이고 명상적이며 정신성이 강한 색이다. 하이멘달(Heimendahl)은 파랑을 바다와 하늘색으로 간주하여 설명하였다. 또한 푸른꽃은 소설이나 동화 속에서 신비로운 상징물로 표현되어 왔다. 헬러(Heller, 2000)는 녹색과 파랑 색조의 상징은 각각 하늘과 땅을 의미하는데, 이러한 녹색과 파랑이 혼합되어 표현된 색조는 하늘과 땅의 결합이라 해석할 수 있으며, 또 파랑 중에서도 신성한 파랑은 녹색과 배색되었을 때에 인간적인 파랑이 된다고 언급한 바 있다.

슈테파네스쿠 고안가의 색채 실험에서의 참가자는 파란색를 보면 그 색을 따라가고자 하는 유혹이 생긴다고 하면서 신비로움을 지닌 것, 즉 꿈꾸는 뜻한 기분이 들게 한다고 말했다.

파랑은 심리적으로 우울하고 꿈꾸는 듯한 기분이 든다. 또한 어두운 남색의 영향은 의기소침하고 슬픈 느낌으로 표현된다.

피스터의 색 피라미드 검사의 결과에서는 파란색을 다음과 같이 해석하였다. "내향성의 색이며, 감정을 조정하고 순응시키는 색"이라는 것이다. 또한 "감청색은 통찰력과 이성을 통하여 내적인 조절을 하는 색으로서 조화로운 기능과 통제기능을 위한 표시"로 흥분상태를 제어하는 역할을 하는 것으로 해석된다. 즉, 강한 잠재력을 의미하고 있다고 해석하였다.

괴테의 색채론에서는 파랑에 대하여 불안과 동경의 느낌으로 해석하였고 매력적인 색으로 보았다.

또한 칸딘스키는 다음과 같이 언급하였다.

"일반적으로 말해서 색채는 영혼에 직접적으로 영향을 미친다. 색은 피아노의 건반이요, 눈은 줄을 때리는 망치요, 심성은 여러 개의 선율을 가진 피아노인 것이다. 예술가들은 심성에 진동을 일으키도록 하기 위해 합목적으로 건반을 두드려 연주하는 손과 같다. 그러므로 색채조화가 인간의 심성을 합목적으로 움직이게 하는 데에 마땅히 궁극적인 근거를 두게 됨은 명백한 일이다. 이것은 내적 필연성의 원칙을 나타내고 있다(칸딘스키, 1981).[1]"

칸딘스키는 진한 파랑에 대해서 색상들의 영원한 초현세의 중심이라 설명하였고, 반면에 짙은 초록에 대해서는 현세의 휴식과 자기만족이 표현된다고 언급한 바 있다.

역사 속에서의 청색은 양면성을 지니고 있음을 알 수 있다. 먼저 낮을 상징하는 밝은 청색은 천국을 상징하고, 밤을 상징하는 어두운 청색은 악을 상징한다.

청색의 고귀함은 피부가 희고 정맥이 드러나 보인다는 의미인 블루 블러드(blue blood)라고 말한다. 이는 서양의 귀족 또는 명문가의 혈통과 일맥상통한 의미가 있으며, 특히 르네상스 전후로는 신의 어머니를 청색으로 상징하여 청색을 복색으로 사용하였다. 성화에서도 성스러운 이미지로 사용되었음을 발견할 수 있는데, 한국에서는 청색을 다르게 사용하였다. 예를 들면, 선시대의 하급관료가 입었던 복식의 색상을 살펴보면 녹의(綠衣)나 청의(靑衣)로 이루어져 있다는 것을 확인할 수 있다.

---

1) 칸딘스키, 「예술에 있어서 정신적인 것에 관하여」, 1981, p.54

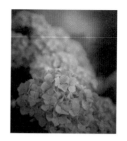

## 6) Purple

### ❶ 연상과 심리

인간의 정신적 성질을 자극하면서 보라색 진동은 극기심, 높은 창조성, 왕권 의식 등을 제공한다(Walker Morton, 1996). 십자가에 못 박히기 전 예수님의 옷 색상은 보라색으로서 고통과 인내, 회개의 상징을 지니며, 천국을 상징했던 보라색은 14세기 이후 중세를 지나면서 점진적으로 보라색이 아닌 파란색으로 대체되었다. 이처럼 보라는 여러 색들 중 가장 신비롭고 명상적인 이미지로서 문학작품의 표지 색채에서 자주 나타난다.

보라색의 심리는 얼음과 불의 혼합이라 할 수 있다. 불을 상징하는 빨간색과 얼음을 상징하는 파란색이 섞이면 보라가 되듯이 보라의 내면에는 매혹적이고 양극단의 성격이 짙게 존재해 있다.

슈페파네스쿠 고안가는 보라색에 대하여 다음과 같이 해석하였다.

"우울하게 하는, 기분이 저조한, 슬픈, 매우 우울한 그리고 동경을 하는"것이 보라라고 하였다. 그리고 합리적이고 지적 추구를 하는 성향이 있다. 어두운 톤의 보라일수록 신비롭고 강한 이미지 효과가 있다.

하이멘달은 보라색에 대하여 가장 통일성이 없고 분별이 심한색이라고 설명하였고, 그 어떠한 색도 보라색과 같이 삶과 죽음 사이의 영역에 머무르는 색은 없다고 언급하였다.

또한 칸딘스키는 보라색에 대하여 심리적 또는 육체적으로 가라앉은 빨강이라 설명하면서 이러한 이유로 인하여 병적이고 슬픈 것으로 상징하고 있음을 강조하였다.

## 7) Black

### ❶ 연상과 상징

검정색은 고대의 아프리카 흑인을 연상할 수 있고 아프리카 국가는 '니게리아'라는 이름으로 불린다. 또한 진지하고 점잖은 행사에서 많이 쓰이는 색으로서 법관들의 의복에 해당하기도 한다. 이처럼 절대적인 가치 또는 위엄과 권력을 상징하는 색이 검정이다.

피스터의 색 피라미드 검사에 의하면 검정은 억제와 폐쇄와 같은 부정적이고 소극적인 의미로 나타남을 알 수 있다. 우울증 환자에게 나타나는 정신적 현상과 유사한 성향을 보인다.

### ㉠ 부정의 Black

뤼셔는 검정에 대하여 긍정적인 발전의 부정과 삶을 기피하는 색이라 말하였다. 이처럼 검정의 성향을 지닌 사람들은 늘 부정적이고 적대적인 태도로 사람들을 대한다. 존재에 대하여 부정하고 다른 사람들의 의견들을 모두 무시한 채 독단적으로 자신의 생각을 강요한다. 권리에 대한 지나친 표명은 강요하는 인상을 주고 무정부주의자와 같은 성향이 있다.

고대의 블랙은 상복과 불행 및 죽음과 같이 부정적 이미지로 해석되었던 반면에 현대에는 1926년의 샤넬을 통한 리틀 블랙 드레스의 유행으로 인하여 현대적이고 세련된 이미지로 전환되어 나타났다. 그러나 제 1차와 2차 세계대전 및 경제 대공황의 어두운 사회현상과 시대분위기의 영향을 받아 펑크패션(Punk Fashion)이나 페티시(Fetish)와 같은 반항적이고 부정적인 섹시의 아이콘으로 나타났으며, 포스트모더니즘과 미니멀리즘의 영향을 받아 블랙의 부흥이 활발해졌다. 이로 인하여 부정적인 이미지의 블랙은 우아하고 모던하며 세련되고 귀족성이 드러나는 상류층의 부를 상징하는 긍정적인 이미지로 급부상하였다.

### ❷ 긍정의 Black

|  | 대표적 연상 | 추상적 연상 | 구체적 연상 |
|---|---|---|---|
| **긍정적 이미지** | 엄숙한, 금욕적 | 금욕적, 정제된, 엄숙한 | 수녀의복 |
|  | 위엄, 무게감 | 무제감, 강한 | 고철 |
|  | 모던한 | 고급스러운, 모던한 | 검정 자동차 |
|  | 수수한 | 수수한, 깊은, 차분한 | 먹 |
| **부정적 이미지** | 음산한, 불길한 | 음산한, 불길한 | 검은 고양이 |
|  |  | 어두운, 공포의, 적막한 | 밤 |
|  |  | 어두운 | 그림자 |
|  |  | 음산한, 죽음의, 강한 | 저승사자 |
|  | 죽음 | 죽음의, 엄숙한, 슬픈 | 상복 |
|  | 반항적 | 반항적인, 고독한, 강한 | 가죽점퍼 |
|  | 고독한 | 고독한 | 블랙커피 |

검정이 부정적인 측면만 있는 것은 아니다. 어둠을 상징하는 면도 있지만 성직자나 장례식의 의복과 같이 겸손하고 엄숙해 보이게 하는 기능도 있다. 블랙은 산업사회의 변화와 함께 남성복의 대표적인 색상이 되었으며, 샤넬의 블랙드레스와 같이 여성복에는 현대적인 색으로 자리매김함으로써 패션을 주도하는 역할을 하는 색상으로 변화해 갔다.

## | 검은색 어원의 관점 |

흑색 염료 : 먹을 식초로 매염하여 사용. 먹 염색에는 반드시 유연(油煙)이나 송연(松煙)을 갈아서 만든 먹물을 쓴다. A

오(烏), 조(早), 현(玄), 회색(灰色), 구색(鳩色), 치색(緇色) B

한자의 흑(黑)은 검을 흑, 캄캄할 흑이라 하며, 인간이 발견한 검은색 C

黑자는 墨자의 속자(俗子)이며, 墨자도 黑자와 같은 어원으로 검은색 또한 묵색(墨色)이기도 하다. D

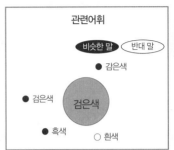

관련어휘

비슷한 말    반대 말

● 감은색

● 검은색    검은색

● 흑색        ○ 흰색

흑연은 다이아몬드와 동질이상(同質異像)으로서 거의 순수한 탄소로 이루어져 있다.

석묵 & 먹의 주원료
전기의 양도체, 연필심, 도가니, 전기로, 아크 등의 전극 등에 사용되며, 활마 재료도 사용

광물성 안료
수정과 같은 결정구조를 가지는 육방정계에 속하는 광물

---

1969년 인류학자 베를린과 케이가 발표한 저서 '기초 색채언어'–"모든 언어의 초기 색채 어휘는 검정색과 흰색의 범주에서만 판단되어 발달했다."

먼셀 색체계–NO.5, ISCC–NBS색명법–N2.5, 한국색채 연구소–N2.0까지 정하고 있다.

**BLACK.** N 1.5 ⤑

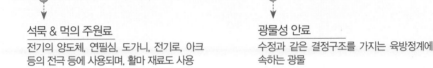

(Gray Scale)

- 1955년 전미색채협의회 iscc, 미국 국가표준국nbs가 공동 연구 · 발표하여 오늘날 색명 기준이 된 ISCC–NBS색명법에 의해 검정색의 일반색명은 블랙(BLACK), 기호는 'BK'로 표기.
- 1964년 제정되어 현재 우리나라에서 사용되고 있는 한국산업규격(KS)색명법에서도 검정색의 기본색명은 검정(흑), 기호는 'BK'로 표기.

---

## | 색채학의 관점 |

- 19세기 초 괴테(Johann Wolfgang von Goethe, 1997)는 색채론에서 색의 생리적, 물리적, 윤리적, 화학적, 감각적, 정서적 영향으로 분석.
- 이텐(Johannes Itten, 1962)에 의하면 색은 인간의식과 무관하게 긍정적, 부정적 방식으로 영향을 주는 방사력이며 에너지임.
- 칸딘스키(Wassily Kandinsky, 1952)는 물리적 영향에서 출발한 색이 인간 심리와 정신에 영향을 주는 것을 소리와 맛 등에 비교하여 제시.

"검정은 감각이 사라진 무(無)처럼, 미래와 희망이 없는 영원한 침묵처럼 내적으로 들린다."(칸딘스키, 1997)

## | 검은색 상징의 관점 |

- 북쪽에 해당, 초목이 휴식을 취하는 겨울의 색(오방색)

- 휴식, 물의 편안한 기운, 만물을 창조하는 힘 상징

- 어떤 일에 뜻을 관장하는 인간의 지혜를 나타냄

- 검은색, 짙은 남색, 보라색 계열

성긴 뿌리를 내린 수많은 씨앗들이
무덤에서 그들의 비밀을 벗겨 …..
그리고 죽음의 하얀 장작더미에
진리의 눈부심이 빛난다. …..
단단한 고독 속에 갇혀
모든 눈은 검정으로
- 넬리 작스 -

검정색의 부정적인 면도 긍정적으로 사용될 수 있다. 예컨대, 검정색은 길을 보여준다.

**좋다 & 나쁘다**
어떠한 색상도 '좋다', '나쁘다'라고 평가할 수 없다.

**안전하고 비밀스러운 은신처**
검정색은 혼란에서 벗어나 질서를 가져다주고, 불완전함에 완전함을 가져다준다.

기관차, 그림자, 연기, 카메라, 석탄, 교복, 암흑, 죽음, 슬픔, 절망, 중압감, 고통, 외지, 비애, 불안, 허무, 죄, 절망, 정지, 침묵, 부정, 밤, 불안, 폐쇄, 악마, 우주, 동굴, 눈동자

### ❸ 로스코

#### ㉠ 생애

마크 로스코는 색면 화가 중에서 가장 위대한 사람으로서 현대의 색면 추상 미술의 발전에 많은 영향을 주었다. 1921년 예일(Yale)대학에 장학생으로 입학한 로스코였으나 당시에 아이비 리그 대학(Ivy League)에서부터 시작된 반유태주의 감정이 확대되어 더 이상 장학금을 받지 못했다. 그 후 뉴욕으로 간 그는 정식으로 작가로서의 길을 시작하며, 맥스 웨버(Max Weber)와 만나 그의 밑에서 공부를 하였다. 로스코는 맥스 웨버를 통하여 밀턴 에이버리(Milton Avery)를 만났는데, 그는 앙리 마티스(Henri Matisse)의 화풍에 매료된 사람이었다. 에이버리는 로스코의 회화가 발전되기 시작하는 과정에서 중요한 영향을 주었다. 그는 늘 예술이 지닌 정서성을 강조하였으며 영혼을 중시하였다. 또한 미술은 재현을 넘어서 예언의 역할을 한다고 주장했던 로스코의 작업은 낭만적 이상주의를 추구하였음을 알 수 있다.

로스코는 주제를 단순히 재현하는 것이 아니라 공간이나 색채와 같은 형식적인 면에서 접근하기 시작했다. 로스코는 구속으로부터 벗어난 자유로운 낭만주의를 추구하고, 그림을 그리는 작업과정에 대해서는 미지의 모험이라 비유하며 다음과 같이 기술하였다.

로스코는 1938년에 법적 미국인이 되었는데, 이는 당시의 나치 독재 정권에 대한 두려움을 피하기 위해서였다. 이후 1940년에는 마르크 로스코(Mark Rothko)로 개명하면서부터 본격적으로 초현실주의적 작품 제작을 시작하였고 로스코의 삶은 큰 변화를 맞이하게 되었다. 이러한 그는 도덕적 신념이 강한 러시아계 유태인으로 작품 활동을 하였는데, 본인이 창작한 예술이 종교적으로 의미를 담아 표현할 수 있다는 믿음을 갖고 있었다.

1950년에 로스코는 뉴욕 화파의 일원으로 활동하면서 1954년에는 시드니 재니스 화랑의 전속 작가로서 왕성한 작품 활동을 하였다. 드디어 1961년 뉴욕의 근대미술관에 대규모 회고전을 개최하였고, 이로써 그 시대의 베스트 작가로 급부상하였다. 이러한 명성에도 불구하고 로스코는 자본 시장의 굴레 속에 미술의 진보가 가로막히는 것이 아닌가 하는 두려움을 느끼고 있었다.

회고전을 연 후 그의 말기 작품은 어두운 단색의 작품을 추구하며 단조롭고도 우울하고 적막한 분위기가 감도는 작품을 제작하였으며, 마침내 뉴욕에 있는 자신의 작업실에서 1970년 2월에 자살하여 생을 마감했다.

로스코는 색채를 표현했으나 장식적인 면과는 거리가 멀다 강조하였고 색이 지니는 감각작용을 중시한다기보다는 내재되어 있는 의미를 더욱 중시하였다. 이렇게 표현된 로스코 작품 속의 색채는 숭고함의 의미가 내재되어 있으며, 특히 말기의 작품 속에서 보여 지는 검정색의 표현을 통한 의미는 숙명적인 색채의 끝을 표출하고 있다.

로스코의 작품은 형식적인 면으로 보았을 때는 추상화로 보인다. 그러나 그는 본인의 작품은 추상화가 아니라고 주장하였다.

그는 "나는 색채나 형태나 그 밖의 다른 것들의 관계에는 관심이 없다. 나는 비극, 황홀경, 운명

같은 인간의 근본적인 감정을 표현하는 데에만 관심이 있다. 내 그림 앞에서 우는 사람은 내가 그것을 그릴 때 가진 것과 똑같은 종교적 경험을 하고 있는 것이다."라고 말했다.

로스코의 작품은 작품 자체가 하나의 정체성과 개성이 내재된 개체로서 작품을 관람하는 자는 작품을 보면서 느껴지는 교감의 작용을 중시했다. 그의 작품 속에 담긴 화면의 공간속은 말로써 형용할 수 없는 암시와 숭고가 표출되는 것이다.

*"나는 추상주의 화가가 아니다. 나는 그저 인간의 기본적인 감정을 표현하고 싶을 뿐이다."*

### ⓛ 그림 및 색 상징

#### – 신화의 시대(age of myth)

로스코는 작품 활동을 하는 초기에는 인간의 비극과 숙명과 같은 감정의 표현을 위하여 철학과 신화를 탐구하였다. 전쟁이라는 시대적 혼란의 중심에서의 작품활동 속의 시대반영은 어쩌면 당연하다 할 수 있겠다. 로스코는 전쟁과 인간의 삶, 그리고 비극에 대한 깊이 있는 고찰을 행하면서 신화적 요소를 반영한다.

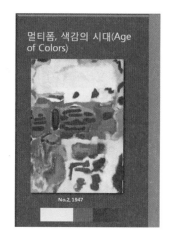

신화의 시대(Age of Myth)

Antigone, 1939~1940

| | |
|---|---|
| 회색 | 무채색으로 흰색과 검정색 사이의 중립을 나타내는 색, 일종의 숭고한 분위기, 안전과 중립, 참회, 회개, 무게감, 혼란, 애매함, 고독, 우울, 의기소침, 은폐, 무감각, 비관, 슬픔 |
| 갈색 | 안정, 평화로움, 겸손, 차분함, 넉넉함, 억압, 자기기반 불안, 건조함, 노여움, 현실도피 |
| 흰색 | 초월, 완전함, 숭고, 성스러움, 공허함, 차가움, 인색함, 실패, 현실 불만족 |

#### – 멀티폼, 색감의 시대(Age of Colors)

로스코는 초현실주의 영향을 받아 투명한 수채나 유채를 사용하여 생물의 유기체 형상을 표현함으로써 점진적으로 추상회화에 대한 탐구를 하며 발전시켜나갔다.

멀티폼, 색감의 시대(Age of Colors)

No.2, 1947

| | |
|---|---|
| 흰색 | 실체가 없는 것들의 합, 초월, 영적 풍요로움, 완전함, 고결함, 경이로움, 충만함, 성스러움, 출발, 탄생, 치유, 강박, 예민, 불안, 실패, 비어 있음, 공허함, 집착, 두려움 |

| 회색 | 애매하고 무기력하며 이러지도 저러지도 못하는 상태의 정서, 혼란 속에서 지혜로움을 가지고 평정의 마음을 갖게 되거나 갖기 위해 사용됨. 안전, 중립, 무게감, 미결정, 불분명 |
|---|---|
| 붉은색 | 정서적 끌림과 충동반응의 가능성을 더해 자극을 드러내는 색임. 자율적이고, 능동적이며, 지배 지향적인 힘은 생명유지의 본능성과도 맞닿아있음. 열정, 생명력, 따뜻함, 역동성, 즉흥적, 단순함, 흥분, 위험 |
| 주황색 | 빨강에서 노랑으로 옮겨가는 중간에 위치한 주황은 늘 한 곳에 머물러 있지 않는 자유를 즐기며, 마음껏 활동하는 에너지를 올려 자신을 드러낼 수 있는 "밝은 충만함"을 가짐. 자유, 개방, 본능성, 생기, 가벼움, 고독, 열등감, 흥분, 요란함 |

## – 황금기(Golden Age), 로스코적인 것의 완성

그의 작품은 1949년 후반부터 본격적으로 개성이 드러나기 시작하면서 1954년에는 그림 한 점이 4000달러에 팔리기도 하며 작품 가격이 기하급수적으로 치솟을 정도로 1955년 이후에는 예술가로서 전성기를 누렸다.

*"그림을 응시한다면 마치 음악이 그런 것처럼 당신은 그 색이 될 것이고, 전적으로 그 색에 젖어 들게 될 것이다."* – 마크 로스코

*"나의 미술은 추상이 아니다. 그것은 살아 숨 쉰다"*

그는 "어떤 기호들로도 우리의 회화는 설명되지 않는다. 설명이란 회화와 관람자 간의 완전한 만남의 경험으로부터 나와야 한다. 예술 감상이란 정신적 존재들 간의 진정한 결혼과도 같은 것이다."라고 말한다.

| 주황 | 즐겁고 따뜻하고 능동적인 측면은 자유롭게 본능적인 창조성을 가짐. 자유, 개방, 활력, 기쁨, 사교, 양기, 자기애, 창의력, 창조성, 생기, 자기 확신, 밝음 |
|---|---|
| 노랑 | 스스로 빛을 내는 색, 밝고 부드럽게 따뜻함을 내뿜으며 다른 색에 비해 강하게 퍼져나가는 속성, 빛, 희망, 기대, 변화, 기쁨, 명랑, 호기심, 예민함, 신경질, 변덕 |

## – 벽화의 시대(Mural Age)

즐거움이 갑자기 중단되면 실망이라 불리는 불쾌한 감정이 생겨난다. 즐거움의 대상이 완전히 사라져 버려서 그것을 다시 즐길 수 있는 가능성이 전혀 없을 경우에는 슬픔이라는 감정이 생겨난다. 슬퍼하는 사람은 자신의 감정이 커지도록 내버려둔다. 그 안에 빠져 그 감정을 사랑하기조차 한다(에드먼드버크, 2006).[2)]

| 갈색 | 갈색은 주황과 검정을 혼합한 색으로 주황이 갖는 자아 중심적이며 욕구를 자유롭게 드러내는 경향성과 검정이 갖는 절대적이고 강인한 힘이 합하여진 힘을 가짐. 겸손함과 검소함을 나타내는 색, 풍요로움을 갖지만, 화려하지 않으며 드러내지 않고 편안함을 주는 색, 주황에서 검정으로 점점 옮겨가는 시기에 생명을 잃은 듯 보이는 갈색은 도피적이기도 하지만, 겸허함을 가지게 됨. |
|---|---|

로스코 채플은 1971년 드 메닐을 비롯한 기부자들에 의해 설립되었다.

열 네 개의 캔버스들을 좌우 대칭으로 진열하였다. 드 메닐 부인이 다음과 같이 설명했다. "앱스(Apse)에 15피트 높이의 모노크롬 그림들의 3부작이 걸렸다. 나머지 그림들도 15피트 높이다. 팔각형의 옆면에 거는 네 점의 그림은 모노크롬이고 폭이 거의 11피트이다. 입구에 걸린 그림 한 점은 유일하게 폭이 19피드이며 그것의 바탕도 검은 색이다(도어에쉬틴, 2007).[3]

| 검정 | 근원적 혼동의 상태로써 창조와 출생 전의 암흑을 표현하기도 함. 절대적인 힘, 엄숙함, 위험, 신비로움, 총합, 합하여지는 힘, 상실, 압박, 위압, 억압, 혼란, 어두움, 종말, 부정 |
|---|---|

### – 부활의 시대(age of resurrection)

로스코는 가시적인 성공에도 불구하고 갈수록 방어적이 되었다. 로스코의 내면을 늘 채우고 있었던 것은 승리의 확신이 아니라 실패의 두려움이었다. '자신을 결코 객관적으로 평가하지 못했던 그였기에 언제나 자신이 설정한 목표 지점에 발을 들여놓기도 전에 내쳐질 것을 먼저 생각했다(심상용, 2011).'

---

2) 에드먼드버크, 「숭고와 아름다움의 이념의 기원에 대한 철학적 탐구」 (마티, 2006), p. 82
3) 도어에쉬턴저/김광우역, 「숭고한 아름다움의 美學 로스코의 색면예술」 (서울: 마로니에북스, 2007), p. 153

자살 전 마지막 작품으로 말년에 블랙이 레드를 삼킬까봐 늘 불안
해했던 그에게 있어서, 빨강은 본능적이고 삶을 유지하는 생명력
을 의미한다.

가스통 비슐라르의 『공간의 시학』에서 보면 우리들이 어머니의 태
반 속에 있을 때에 우리들의 무의식 속에 형성된 이미지로서 우리
들이 어떤 공간에 감싸이듯이 있을 때에 안온함과 평화로움을 느
끼는 것은 요나 콤플렉스 때문이다(가스통 비슐라트, 2003).

부활의 시대(Age of Resurrection)

Untitled, 1970

| 빨강 | 피로 경험되는 빨강은 생명유지의 본능성과도 밀접한 관계를 가지고 있음. 열정과 격렬한 상태, 생명력, 강한 정체성, 의지력, 역동성, 파괴력, 공격성, 본능성, 즉흥성, 고통, 흥분, 폭발력, 죽음, 광란, 위험 |
|---|---|

마크 로스코는 '추상표현주의 거장'으로 불린다. 하지만 그는 스스로 "나는 색채나 형태에는 관심
이 없다."고 하였다. 그러나, 색채나 형태에 관심이 없다고 이야기한 로스코의 작품들은 아이러
니 하게도 그의 숭고한 감정들, 비극, 아이러니, 관능성, 운명은 색을 통해 표현된다.

Rothko Chapel, 1956~66

## 8) White

### ❶ 연상과 심리

소금과 우유를 연상할 수 있고, 빛과 밝음
의 이미지도 떠오른다. 흰색에 관련된 의
복을 보면 가장 대표적으로는 결혼식과
성년의식 그리고 신부님의 미사복이 해당
된다. 실제로 수도원에서 지원자는 흰 의
복을 입는데, 라틴어로 지원자는 흰색으
로 해석된다.

또한 검정색은 흰색과 더불어 고대의 원시시대부터 인식되어 사용된 색상이었다. 특히 Berlin과 Kay(1996)는 세계에서 사용하는 종족언어를 조사 연구하였는데, 그 결과로 색이름이 발달하는 과정을 관찰하여 본 결과로 흰색과 검정색이 다른 색상보다 우선적으로 발달하였음을 확인할 수 있다. 로마네스크(Romanesque)시대의 복식에서도 흰색의 상징성을 발견할 수 있는데, 종교적 관습을 통한 행동으로써 미망인 또는 수녀에게 필수적인 색상이다. 또한 윔플(wimple)이라고 하여 일반 부녀(婦女)들이 야외활동 또는 종교적 행사때에만 썼던 흰색의 베일을 통해서도 잘 알 수 있다.

### ❷ 심리적 작용

흰색은 검정과 대비되는 색으로서 결백함과 모든 가능성의 시작을 상징하고 절대 긍정의 이미지이지만 지속성을 띠지는 않는다. 피스터의 색 피라미드 검사에서 흰색에 관련된 해석은 억제됨에서 벗어나고 개방적이고 솔직한 것으로 풀이된다. 뤼셔 또한 검정의 반대로서의 흰색에 대한 절대자유를 시사하였다. 또한 아래와 같이 흰색은 복식의 이미지에서도 상징성을 범주화 할 수 있다.

| 흰색 복식의 상징 | 대표적 상징성 |
|---|---|
| 자연미, 순결, 순수, 천사, 소녀, 소박함 | 순수성 |
| 지성미, 고상한 이미지, 고급스러움, 우아함, 세련, 여성미 | 우아성 |
| 과시, 화려한 이미지, 섬세함 | 장식성 |
| 권위적, 힘, 관대함, 금욕, 죽음, 슬픔, 장엄함 | 숭고성 |
| 절제, 검소, 소박함, 청렴 결백 | 금욕성 |
| 젊음, 현대, 미래 지향 | 전위성 |

칸딘스키는 흰색에 대하여 모든 색채와 본질이 사라져버린 세계를 상징한다고 하며 절대적인 커다란 침묵으로서 정신에 작용한다고 언급하였다. 또한 하이멘달은 흰색에 대하여 모든 영향에 개방되어 있고, 준비되지 않고 어떠한 임무도 부여되지 않은 색으로서 모든 것을 희색하고 그 무엇도 요구하지 않을 준비가 되어 있는 색이라 설명하였다.

## 9) 한국의 전통색

### ❶ 오방색의 의미와 활용

#### ㉠ 음양오행

『주역』에서의 음과 양은 서로 반대개념이면서도 없어서는 안되는 관계를 지니고 있다. 수분을 흡수하여 식물이 살 수 있는 환경을 탄생시키고 자랄 수 있도록 보완하는 역할을 한다.

음양오행의 상생과 상극(相剋) 관계 분석 그림을 참

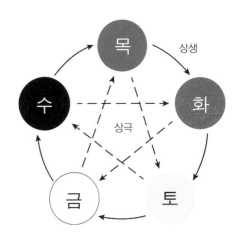

고하여 보면 더욱 자세히 알 수 있다. 무더운 여름을 지나 바람이 차가워지고, 낙엽이 지는 가을에 '금'의 기운이 강해진다. 그리고 해가 지면서 어두워져 서쪽으로 넘어가는 때가 '금'이 기운으로 변화하는 시기이다. 가을에 잎이 떨어짐은 나무의 기운이 잎에서부터 뿌리로 옮겨져서 들어가기 때문이다. 쇠와 돌이 금에 해당하기 때문에 바위산에 해당하는 인왕산은 상생의 기운으로서 생명성이 내재되어 있다(박현희, 2016).

아이가 출생한 후에 하는 풍습이 있는데, 먼저 문전에 소나무와 대나무의 푸른가지, 즉 청지(靑枝)를 꽂는다. 또한 금침의 잇색은 남색으로서 쪽색(藍色)이라 부른다.

우리 일상생활 속에서 오방색은 한식 중에서 비빔밥을 통해 쉽게 찾아 볼 수 있다.

ⓒ **음양설**

음과 양이 조화됨으로써 천지가 형성되고 만물을 소생시키며 삼라만상(森羅萬象)이 나타나는 것을 뜻한다. 또한 자연 철학에서 시작된 태극이 낳은 음양사상은 종교적으로나 윤리적으로도 포함함으로써 풍속과 신앙 속에서 다양한 형태로 발견되어 왔다.

| 오행 | 절기 | 방위 | 색상 | 신상 |
|---|---|---|---|---|
| 목(木) | 목(木) | 동(東) | 청(靑) | 청(靑) |
| 화(火) | 여름(夏) | 남(南) | 적(赤) | 주작(朱雀) |
| 토(土) | 토용(土用) | 중(中) | 황(黃) | 인황(人皇) |
| 금(金) | 가을(秋) | 서(西) | 백(白) | 백호(白虎) |
| 수(水) | 겨울(冬) | 북(北) | 북(北) | 현무(玄武) |

오행설은 건과 곤 사이에 있는 정신적이고, 물질적인 모든 존재를 5가지의 구성체로 있다고 보는 설이다. 여기서의 5가지 구성체인 오방색에는 청, 적, 백, 흑, 황색이 구성되어 있다. 목, 화, 토, 금, 수로 구성된 오행에는 각기 다른 색채의 상징의미가 내재되어 있다. 구체적으로 말하자면, 해가 뜨는 곳은 동쪽이요, 나무의 색상은 청색이다. 또한 불은 적색이며, 남쪽에 해당하고 뜨거운 성질이 있다. 흙의 경우에는 위치로는 중간을 의미하고 있고, 황색에 해당하며 쇠는 서쪽을 상징하고 백색이다. 그리고 물은 북쪽을 상징하며 흑색의 상징색이 내포되어 있다.

오간색은 오방색의 중간색으로서 녹색, 벽색, 홍색, 유황색, 자색이다.

| 색채 | 방위 | 오행 | 절기 |
|---|---|---|---|
| 청색 | 동(東) | 목(木) | 봄(春) |
| 적색 | 남(南) | 화(火) | 여름(夏) |
| 황색 | 중앙(中央) | 토(土) | 사계(四季) |

| 백색 | 서(西) | 금(金) | 가을(秋) |
| 흑색 | 북(北) | 수(水) | 겨울(冬) |

나무[木(목)], 불[火(화)], 흙[土(토)], 쇠[金(금)], 물[水(수)]은 각각 상생과 상극의 관계로 성립된다. 음양의 소장에 따라 변화되며 이것은 자연과 인생의 길흉화복에 영향을 주어 지배당한다고 믿는다.

# MEMO

# 색채심리상담의
# 실전

색채는 시각적 대상에 심미성을 극대화시키는 효과를 줍니다. 이는 색
채가 그 자체에 무수히 많은 의미를 내포하고 있는데다 색채의 시각화
과정을 통해 추상적이며 복합적인 특성도 지니고 있기 때문입니다.

## 1) 컬러성격 유형

### ❶ 먼셀의 기본 5색과 컬러성격 유형의 오색

색채의 주관적이고 개인적인 특성으로 인해 모든 사람이 동일한 색을 선호하거나 기피할 수는 없다. 그렇기 때문에 색을 선호함에 있어서는 심리적인 요인 및 역사성에 근거를 둔다. 즉, 연령과 집단 또는 지역과 문화에 따라 차이점이 생기는 것은 불가피하다고 할 수 있겠다. 컬러성격 유형에서 사용되는 오색은 1905년 미국의 먼셀(Albert H. Munsell)에 의해 창안된 이후로 계속 발전되어온 표색계인 먼셀 표색계에서의 기본 5색을 기준으로 한다. 이 먼셀의 표색계는 국제적으로 널리 사용되고 있으며, 1943년 미국광학회측색위원회에 의하여 보완 및 수정되어 확립되었다.

Freud(1938)는 정신분석이론을 통한 성격구조를 원초아, 자아, 초자아의 세 가지로 구분하였다. 그는 개개인의 정신은 생활에 있어서 밀접한 관계를 갖고 있으며, 상호작용하는 과정을 통해 성격이 형성된다고 설명하였다. 또한 Sullivan(1964)은 성격을 강조하였는데, 이는 생물의 사회학적 입장에서는 인간이 생활하는데 있어서 특징이 재현된 인간 상호간에는 영속적인 형태를 지닌 성격을 중요하게 여겼기 때문이다.

빨강, 노랑, 녹색, 파랑, 보라의 먼셀의 기본 5색으로 이루어진 컬러별 성격유형에서 사용되는 오색은 물체의 표면상에 인식되는 색을 적용하는 이유는 지각적 등보성에 따라 활용할 수 있는 면이 편리하다는 원리가 존재하고 있기 때문이다. 색채를 배색할 때에는 빛 반사율 또는 색혼합률을 기준으로 두기보다는 시각적으로 보았을 때, 색에서 느낄 수 있는 감도가 골고루 분포될 수 있도록 적용하는 점을 중요하게 본다.

### ❷ 5가지 컬러성격 유형(color personality type indicator) 특성

#### ㉠ RED

RED에 해당되는 성격유형으로는 실행의 에너지가 많은 경향이 있다. 이러한 유형은 강한 에너지를 지니고 있기 때문에 생명체에 활력을 줌과 동시에 많은 에너지를 자극하고 발산하는 요인이 된다.

| 긍정적 에너지 | • 적극적, 진취적<br>• 통솔력, 리더십 | • 활기참, 솔직<br>• 개방적 외향성 |
|---|---|---|
| 부정적 에너지 | • 충동적<br>• 지나치게 솔직 | • 자기중심적<br>• 욕심이 과함 |

ⓛ YELLOW

YELLOW에 해당하는 사람은 희망과 기대의 에너지를 소유하고 있기 때문에 지혜로움과 새로운 변화를 꿈꾸는 마음가짐을 지니고 있는 사람이다.

| 긍정적 에너지 | • 밝고 명랑 낙관적<br>• 사교적 · 낙관적 향상심 | • 호기심, 관찰력 |
|---|---|---|
| 부정적 에너지 | • 끈기 부족<br>• 회피적 | • 예민하고 소심, 유치함<br>• 비논리적 |

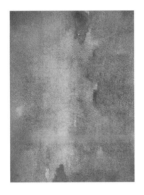 

ⓒ GREEN

GREEN의 유형에 해당하는 사람은 관대하며 평온한 성격을 지니고 있으며 심신의 균형과 조화로움 또한 내재하고 있는 사람이다.

| 긍정적 에너지 | • 모범적, 공정<br>• 책임감, 충성심<br>• 균형과 조화<br>• 배려심, 관대함 |
|---|---|
| 부정적 에너지 | • 인색, 냉담<br>• 보수적, 융통성이 없음<br>• 감정을 억압 |

ⓓ BLUE

BLUE의 유형을 선택한 사람은 근면 성실한 측면이 많기 때문에 신뢰성이 높으며, 또한 집중력과 사고를 통해 자기성찰을 자주 행하는 사람이다.

| 긍정적 에너지 | • 안정적, 신뢰성<br>• 실천성, 계획성 | • 인내심, 강한 의지력<br>• 객관적, 분석력 |
|---|---|---|
| 부정적 에너지 | • 엄격함<br>• 제한적, 독단적 | • 비사교적, 내향적 관계 도피 |

#### ⑩ PURPLE

PURPLE에 해당하는 유형은 창의적인 사람으로서 스스로를 직관적으로 파악하고 수준 높은 이상을 실천하는 사람이다.

| 긍정적 에너지 | • 창의적, 상상력<br>• 직관력<br>• 독창적 예술적<br>• 우아, 고상한 품위 |
|---|---|
| 부정적 에너지 | • 우울감, 현실도피<br>• 교만함<br>• 은둔적<br>• 몽상적, 초현실적 |

## 2 진단을 통한 상담의 적용

### 1) 상담과 심리치유의 이해

지금까지 색채의 개념과 특징 및 상징에 대하여 살펴보았다. 이러한 색채의 개념을 이해하면 색채 심리를 상담에 적용하기도 수월해지며, 지도자로서의 역할을 보다 전문적으로 성실히 수행할 수 있으리라고 본다. 색에 다양한 스펙트럼이 있음은 전 장을 통하여 확인할 수 있었다. 마찬가지로 상담에도 스펙트럼이 존재한다. 전통적으로 행해졌던 상담이 지시적이었던 반면에 현대에서의 상담은 비지시적 상담을 기본으로 진행하고 있는 추세이다. 이는 상담에 있어서 내담자의 존중과 함께 인격적인 면에서도 내담자와 상담자 간의 동등성을 인정함으로써 통합과 균형을 의미한다. 상담 시의 구조와 영역 구분은 치료기법과 대상에 따라 상이하게 된다. 크게 보아 3개 영역으로 분류되어지며, 색채 치유 시에는 스펙트럼의 다양한 방면에 직용할 수 있다.

### ❶ 가이던스(guidance)

교육 목적을 달성하기 위해 개개인이 지니고 있는 발달 가능성을 관찰하여 발견함으로써 계발하는 행동을 가이던스라고 한다. 이것은 사회 적응력을 고취시키기 위하여 중요한 활동으로서 예측 가능한 상황 인지와 정보가 단순하더라도 충분히 활용하고 이해 할 수 있는 장점을 지니고 있기 때문에 주로 학교에서 활용되고 있다.

# 다양한 색감으로
# 표현한 아동미술작품

– 다양한 효과와 재료를 통해 색감을 표현한 아동미술작품 사례

▲ 가을소풍－초2남, 차호진

▲ 거북과 바다속 풍경－초3남, 박주환

▲ 고흐의 해바라기 응용그림－초3남, 정건호

▲ 고흐의 방 응용작품－초2남, 안시현

▲ 곤충들과의 여행-초3남, 안시현

▲ 곤충채집-초1남, 안정현

▲ 꽃병과 곤충관찰 – 초2남, 안정현

▲ 내모습 – 7세여, 이수민

▲ 바닷속 여행–초4남, 정건호

◀ 꿈속여행–초3남, 안시현

▲ 다리연상그림-초1남, 전민준

◀ 세탁기 연상그림-초2여, 임다민

▲ 승마대회 종이접기 클레이 입체작품−초3여, 이지원

◀ 세탁기 연상그림−초2여, 임다민

◀ 종이접기 클레이 입체작품 – 초3남, 차호진

◀ 종이접기 클레이 입체작품 – 초3여, 전태린

▲ 기차여행-초3남, 전민준

▲ 임금님의 뱃놀이-초3남, 나경문

▲ 불기

▲ 오일크레용으로 그리기

▲ 크레파스로 그리기

▲ 오일크레용

▲ 파스텔 가루내기

▲ 프로타쥬

▲ 싸인펜으로 그리기

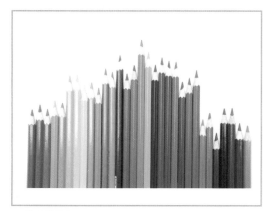

▲ 연필 색연필

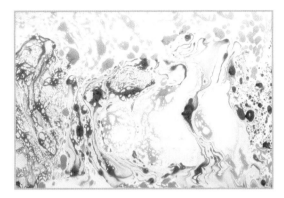

▲ 마블링 물감으로 표현하기1

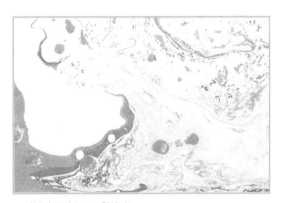

▲ 마블링 물감으로 표현하기2

▲ 클레이 점토로 만들기

▲ 클레이 점토로 만들기

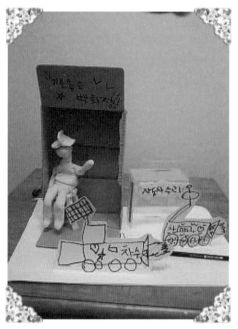

▲ 지점토로 만들기

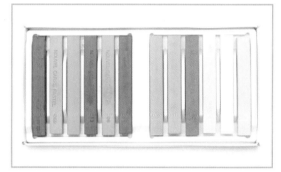

▲ 파스텔 그리기

▲ 한국화 붓으로 그리기

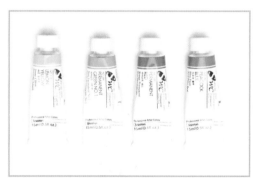

▲ 수채물감으로 그리기

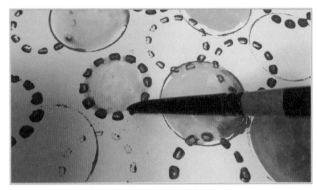

◀ 수채물감으로 색칠하기

◀ 포스터물감으로 그리기

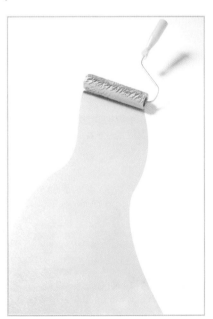

▲ 로울러로 칠하기

▲ 손찍기

▲ 물감 뿌려서 표현하기

▲ 색종이로 오려 표현하기

▲ 태워서 그을음내기

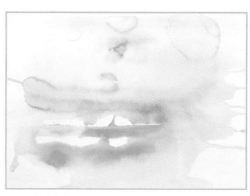

▲ 물감 번지기

▲ 물감 흘리기

▲ 뚜껑 이용해서 찍기

▲ 크레파스 뉘어서 그리고, 손가락으로 문지르기

▲ 칫솔로 선그리기

▲ 면봉에 먹 찍어 그리기

▲ 스크래치 기법으로 그리기

▲ 떨어뜨리기

▲ 찰흙으로 만들기

◀ 나무젓가락으로 그리기

◀ 나무젓가락으로 찍기

▲ 나이프로 칠하기

▲ 아크릴물감으로 칠하기

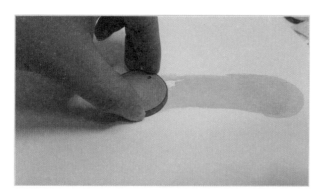

▲ 눌러 밀어서 칠하기

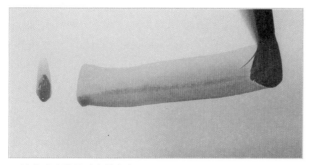

▲ 붓에 여러 색 묻혀서 칠하기

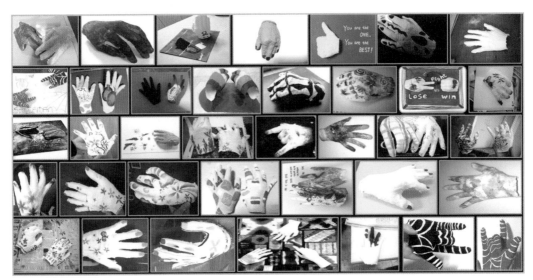

▲석고 손뜨기와 채색하기

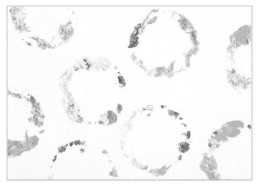

▲ 효과1

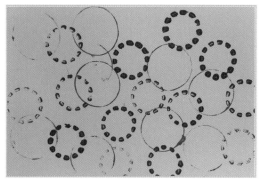

▲ 효과2

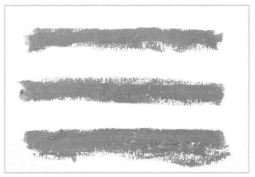

▲ 효과3

▲ 효과5

▲ 효과4

▲ 효과6

▲ 효과7

# 68가지 컬러 테라피

실제로 아동색채심리를 적용하기 위한 68가지 컬러 테라피를 활용하여 교육
안 및 아동미술 프로그램 기획구성에 도움을 주고, 전문가의 조언으로 아동의
정서 및 스트레스 해소를 위한 도우미의 역할이 될 수 있도록 합니다.

# 1. 지금 나의 마음은 어떤 색일까요.

전문가의 조언

## 2. 소아비만 아이에게 도움이 되는 컬러로 표현해 보아요.

전문가의 조언

# 4. 빨간색 감정 나라를 색으로 표현해 보아요.

# 5. 주황색 감정 나라를 색으로 표현해 보아요.

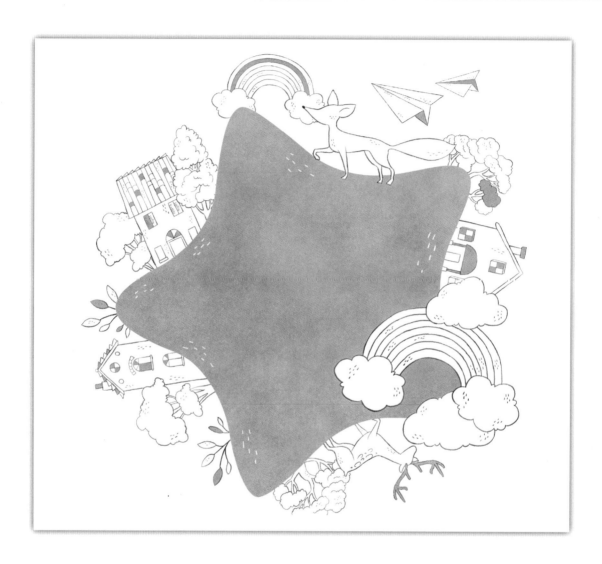

# 6. 노란색 감정 나라를 색으로 표현해 보아요.

# 7. 파란색 감정 나라를 색으로 표현해 보아요.

전문가의 조언

## 8. 연두색 감정 나라를 색으로 표현해 보아요.

## 9. 네모나라의 감정을 색으로 표현해 보아요.

## 10. 지치거나 면역력이 떨어지고, 추진력이 필요해요. 도움이 되는 컬러로 표현해 보아요.

전문가의 조언

전문가의 조언

## 12. 침체되고 적극성이 필요할 때에 도움을 주는 컬러로 표현해 보아요.

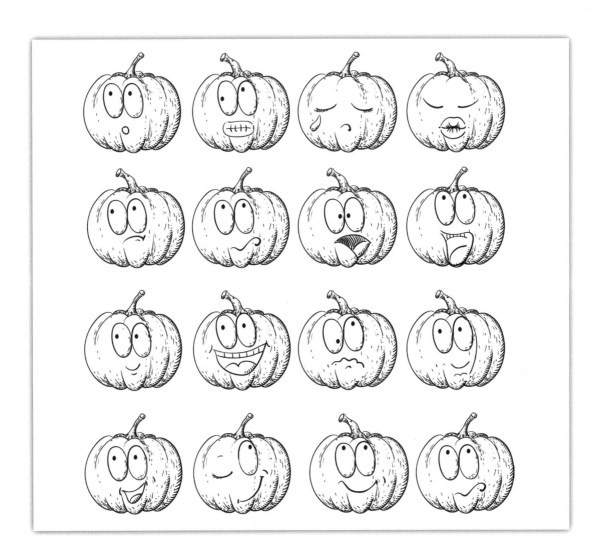

전문가 의 조언

## 14. 하루의 감정변화를 색으로 표현해 보아요.

# 16. 가벼움과 무거움을 색으로 표현해 보아요.

전문가의 조언

전문가의 조언

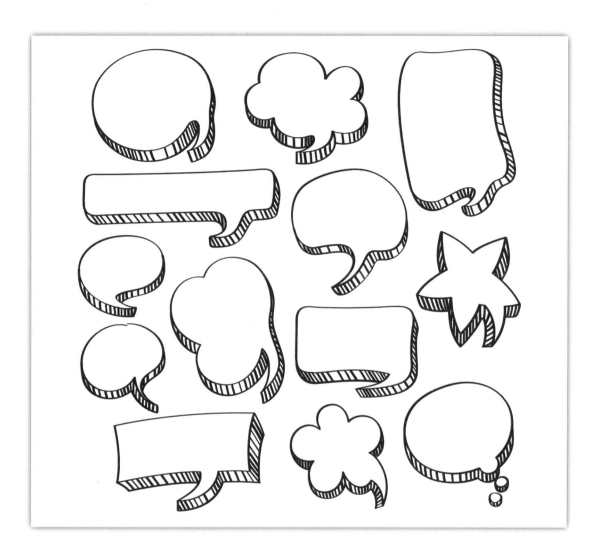

전문가의 조언

# 20. 우리 가족을 색칠해 보아요.

Back to school!

## 22. 지금 먹고 싶은 음식이 있나요? 색으로 표현해 보아요.

전문가의 조언

전문가의 조언

전문가의 조언

전문가의 조언

# 26. 나만의 스티커를 색으로 꾸며 보아요.

전문가의 조언

## 28. 내가 가장 사랑하는 사람의 색은 어떤 색인가요.

## 29. 용기가 필요하거나 호감이 필요할 때, 도움이 되는 컬러로 표현해 보아요.

# 30. 마음에 드는 색을 골라 칠해 보아요.

전문가의 조언

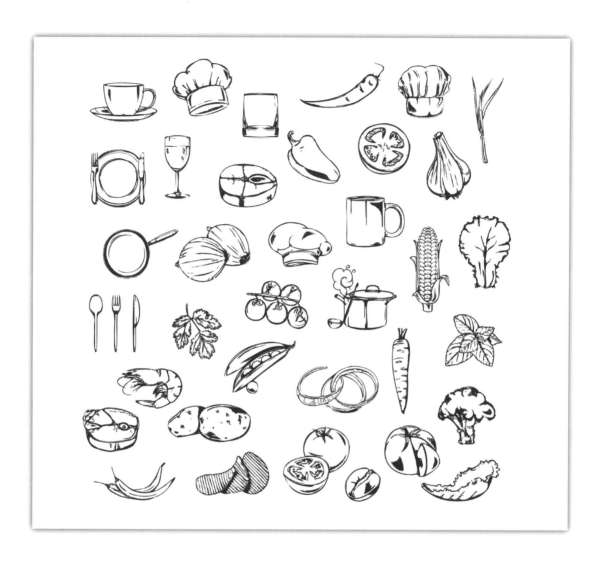

전문가 의 조언

## 34. 다양한 맛이 느껴지도록 색으로 표현해요.

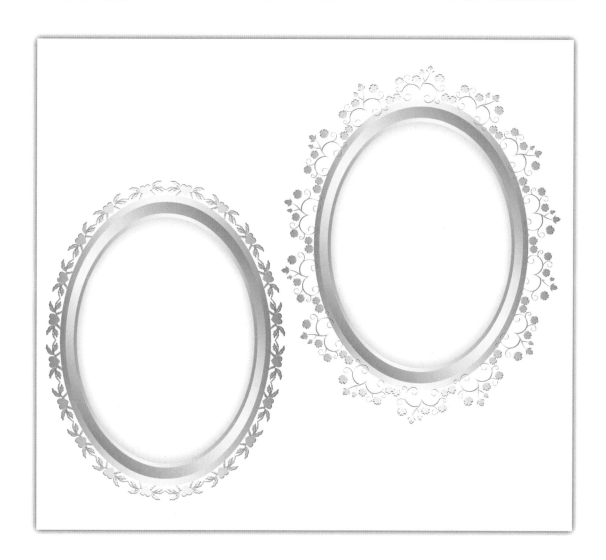

# 36. 내 마음 속 소원을 빌며 색칠해 보아요.

전문가의 조언

전문가의 조언

전문가의 조언

전문가의 조언

# 42. 나는 누구인가 자아 컬러 테라피

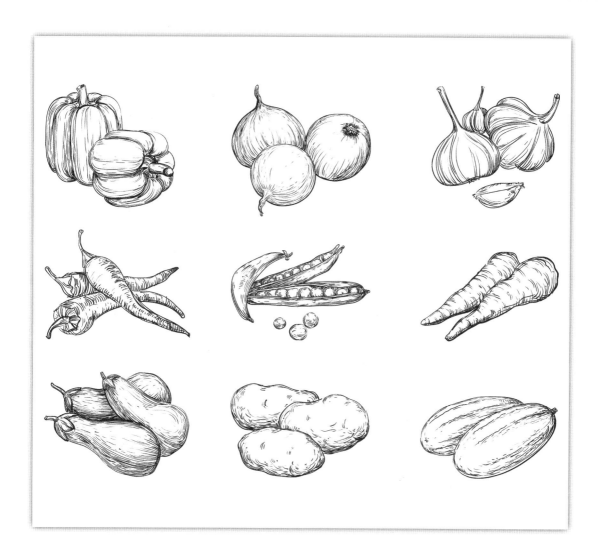

전문가의 조언

# 46. 복잡한 마음을 플라워 테라피로 치유해요.

전문가의 조언

전문가의 조언

## 48. 일에 지쳐 있거나 창의력을 요할 때 도움이 되는 컬러로 표현해 보아요.

COSMOS FLOWER
ESP 10

전문가의 조언

# 50. 집중력이 부족할 때 컬러 테라피를 해보아요.

전문가의 조언

# 52. 나의 방_컬러 테라피

전문가 의 조언

# 54. 나의 집_컬러테라피

## 55. 내 마음의 액자를 꾸며 보아요.

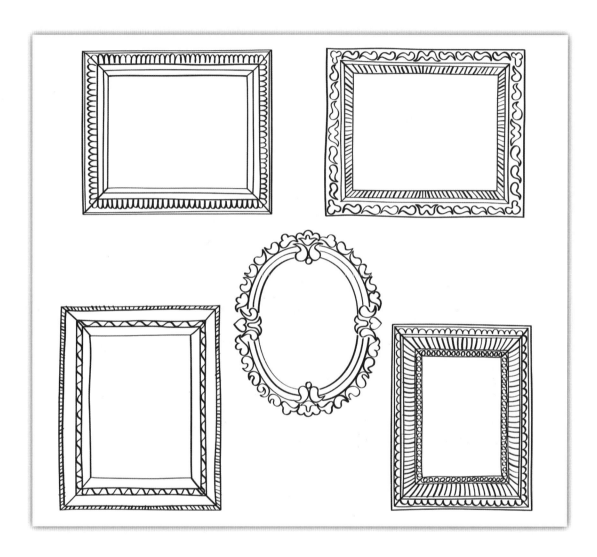

# 56. 예민하고 소심한 아이에게 좋은 컬러로 표현해 보아요.

전문가의 조언

# 60. 나의 아이디어_컬러 테라피

전문가의 조언

# 62. 내가 좋아하는 색을 표현해요.

전문가의 조언

전문가의 조언

전문가의 조언

전문가의 조언

전문가의 조언

# 참고문헌

- 홍윤식, 《만다라》, (대원사,1993).
- 우석진, 《컬러리스트 기사/산업기사 필기 특별대비》, (영진닷컴,2005).
- 정여주, 《만다라외미술치료》, (서울: 학지사,2001).
- 파버비랜, 옮긴이 김화중, 《색채심리》, (파주: 동국출판사, 1993).
- 문은배, 《색채 디자인 교과서》, (파주: 안그라픽스, 2010).
- 미셸 파스투로, 전창림 역, 《색의 비밀: 색의 상징성과 사회적 의미》, (서울:미술문화,2003)
- 정대식 저, 《아동미술의 심리연구》, (서울:미진사,1995)
- 차동채, 김촌일 공저, 《아동미술의 지도와 이해》, (서울:미진사, 2000)
- 한국색채연구소, 《아동색채교육》, (서울, 미진사, 2006)
- 마크로스코, 《예술가의 리얼리티 Mark Rothko》, (다빈치, 2006)
- 가스통 비슐라트, 《공간의 시학》, (동문선, 2003)
- 심상용, 《예술, 상처를 말하다.》, (시공사, 2011)
- 로버트 휴즈, 최기득 옮김, 《새로움의 충격−모더니즘의 도전과 환상》, (미진사, 1991)
- 오희선 김숙희 공저, 《재미있는색이야기》, (교학연구사, 2001)
- 박현희, 《돌그림의 상징과 표현연구》, 단국대학교 일반대학원 박사학위논문,2016
- 박은주, 《색채 조형의 기초》, (미진사,2001)
- 유송옥, 《복식의장학,》, (수학사,1999)
- 정흥숙, 《서양복식문화사》, (교문사,1998)
- 요하네스 이텐, 김수석 역, 《색채의 예술》, (서울: 지구문화사, 1976)
- 유영석 역, 《색다른 색 이야기》, (서울: 나들목, 2003)

Neumann, E.(1973). The origins and History of Consciousness. Princeton, Nj :Princeton University Press. Perry, L. C. & Kennedy, E. (1992). conflictand the development of antisocial behavior, in conflict in child and adolescent development, Shantz C. U. and Hartup, W. W.(ed),Cambridge : Cambridge Uneversity Press

KelloggJ.(1978).Mandala:PathofBeauty.Mastersthesis.Antioch University.

KelloggJ.(1986).ColorTheoryfrom thePerspectiveoftheGreat RoundofMandala. Unpublishedmanuscript.

JungC .G.(1974).Dreams.Princeton,NJ:PrincetonUniversityPerss.

JungC.G.(1966).MaVie:Souvenirs,revesetpensees.Ed.A.jaffe.Tr.Dr.R.CahenetY.Lay. Paris:Gallimard.